시네마토그라프에 대한 노트

Notes sur le cinématographe by Robert Bresson

Préface de J. M. G. Le Clézio

Copyright © Éditions Gallimard, Paris, 1975 et 1988 pour la préface.
Korean translation copyright © 2021 by Moonji Publishing Co., Ltd. All right reserved.

This Korean edition was published by arrangement with Éditions Gallimard through
Sibylle Books Literary Agency, Seoul.

이 책의 한국어판 저작권은 시빌 에이전시를 통해 저작권사와 독점 계약한
㈜문학과지성사에 있습니다. 저작권법에 의해 보호받는 저작물이므로
무단 전재 및 복제를 금합니다.

시네마토그라프에 대한 노트

제1판 제1쇄   2021년 8월 17일
제1판 제5쇄   2024년 12월 6일
지은이   로베르 브레송
옮긴이   이윤영
펴낸이   이광호
주간   이근혜
편집   김현주 최대연
펴낸곳   ㈜문학과지성사
등록번호   제1993-000098호
주소   04034 서울 마포구 잔다리로7길 18(서교동 377-20)
전화   02) 338-7224
팩스   02) 323-4180(편집)   02) 338-7221(영업)
전자우편   moonji@moonji.com
홈페이지   www.moonji.com
ISBN 978-89-320-3874-2 03680

시네마토그라프에 대한 노트

로베르 브레송 | 이윤영 옮김

문학과지성사

일러두기

1. 이 책은 Robert Bresson, *Notes sur le cinématographe*, Gallimard, 1975를 번역한 것이다. 영어판 Robert Bresson, *Notes on the Cinematographer*, translated by Jonathan Griffin, Green Integer Books, 1997을 참조했다.

2. 각 문단 옆에 붙인 번호는 원문에는 없으며, 각 문단을 용이하게 찾을 수 있도록 옮긴이가 붙인 것이다. 르 클레지오의 서문, 옮긴이 해제, 주제별 분류 목록에서 브레송의 글을 직접 인용할 때는 쪽수 대신 이 번호를 사용했다.

3. 이 책의 각주는 모두 원주다. 옮긴이가 덧붙인 주는 미주로 처리했다. 또한 옮긴이가 본문 중에 첨가한 내용은 모두 꺾쇠 표시([ ]) 안에 넣었다.

4. 저자는 원서에서 대문자 표기와 이탤릭체 표기라는 두 가지 강조 방식을 사용한다. 대문자 표기는 고딕체로, 이탤릭 표기는 밑줄로 옮겼다.

5. 이 책 뒤에 붙은 주제별 분류 목록은 원서에는 없는 것으로서, 독자의 이해를 돕기 위해 옮긴이가 직접 작성한 것이다.

차례

르 클레지오의 서문　6

1부·1950~1958　11

2부·또 다른 노트들 1960~1974　99

미주(옮긴이주)　122

옮긴이 해제　124

주제별 분류 목록　163

르 클레지오의 서문

이 책은 창조의 또 다른 측면이다. ‹어느 시골 사제의 일기›(1951)부터 ‹호수의 랜슬롯›(1974)까지, ‹잔 다르크의 재판›(1962)부터 ‹돈›(1983)까지, 저 끝없는 이미지의 흐름에서 발원한 생생한 에너지가 그 섬세한 흔적들을, 섬광 같은 빛줄기를 여기에 남긴다. 세월이 흘러가도 브레송은 매번 똑같은 질문을 던진다. 배우와 모델에 대한 질문, 다른 사람들은 시네마라고 부르고 자신은 시네마토그라프라는 어려운 이름으로 부르는 이 아직 새로운 예술의 쓸모는 어디에 있는가에 대한 질문이 그것이다. (시네마토그라프는, ‘나뭇잎들이 움직인다는 이유로’ 사람들이 나무를 보고 열광했을 때 뤼미에르 형제가 보여준 모습 그대로의 마술이다.)[1]

이런 질문들이 브레송의 영화들을 만들어냈을까? 아니면 그의 영화들이 이러한 질문들을 만들어낸 것일까? 이 질문들은 어디에 쓰는 것일까? 그것은, 자극하고 성찰하고 지혜를 찾는 데 쓰인다. 새로운 언어를 창조하고 완벽한 영화를 만들어내는 데 쓰인다.

영화를 만든 사람은 인위적인 창조를 남발하는 어떤

왕 같은 존재가 아니다. (브레송은 영화의 창조자와, 연극에서 발원한 발상들의 노예인 연출가나 감독 사이에 근본적인 차이가 있다고 누누이 강조한다.) 그는 사람, 사력을 다해 자기 감각의 떨림을 드러내고 여기에 형태를 부여하려고 필사적으로 시도하는 사람일 뿐이다. 신도, 영웅도 아닌 사람이다.

브레송은 자신의 항해일지에 그가 발견한 것들을 간략한 말로 썼다. 그것은 한 사람을 만든 모든 것이다: 애착을 느끼는 것들과 환멸을 느끼는 것들. 그는 특히 허영심, 지성주의, 순응주의에 환멸을 느끼며, 진정성과 본성(nature, 자신을 고문하는 사람들에 맞선 잔 다르크의 '선한 본성')에 애착을 느낀다. 그리고 예술에서 절제(économie)와 정확성에 애착을 느끼며, 꾸며서 보여주기에 맞선 존재하기, 즉 배우에 맞선 모델에 애착을 느낀다. (브레송이 '배우'라는 상투어보다 좋아하는 말인) 모델은 화가에게 열광과 영감의 원천이다. "모방할 수 없는 영혼과 몸."(168)

아무렇게나 쓰고 던져둔 것 같은 이 브레송의 노트에서, 우리는 그를 영화적 창조의 창공으로 이끈 모험의 정수를 발견한다. 온전하게, 때로는 견딜 수 없는 고통을 느껴가며 그가 직접 겪은 모험. 간결하고 신중한 브레송의 말에서 우리는 진실을 향한 욕구, 완벽에 대한 집념을 느끼고, 타협과 저속함에 맞선, 돈의 권력에 맞선 그의 끝없는 전투가 어떤 것이었는지를 알 수 있다. 〈창세기〉를 찍으려고 그렇게 오랫동안 싸우는 데 브레송에게 얼마나 많은 용기와 끈기가 필요했는지 우리가 어찌 모를 수 있겠는가?[2]

"참된 것은 모방할 수 없다. 거짓된 것은 변형할 수 없다."(256) 예술은 브레송에게 쓰라린 무력감에 맞설 수 있는 유일한 방책이다. 그러나 예술은 더 많은 것을 할 수 있다. 예술은 실재의 유일하게 가시적인 부분을, 그것이 드러난 양상을 보여준다. 브레송은 이런 점에서 위대한 화가들, 특히 인상파 화가들과 앙리 마티스와 가까이 있다. 이 노트를 읽으면 우리는 또한 동양의 예술, 예컨대 선불교 철학에 영향을 받은 호쿠사이의 회화를 떠올리지 않을 수 없다. 수단의 경제성에 대한 똑같은 견해, 관능적인 것에 대한 똑같은 애착, 감각의 파동과의 똑같은 유희가 나타나기 때문이다. 되는 대로 흘러가는 삶은, 강력하고 예측할 수 없는 흐름 속에 모든 것을 끌어들인다. [그런데] 영상과 소리가 실재를 잠시나마 지각할 수 있는 것으로 만들어준다. "지나가면서 바람이 조각한 물[의 무늬]로 보이지 않는 바람을 **형상화할 것**."(233) 브레송은 이렇게 경이(驚異)의 예술을, 즉 살아 있는 먹이를 잡는 행복을 가르친다. "낚싯대 끝에 뭐가 걸릴지 모르는 낚시꾼처럼, 네가 무 엇을 포착할지 알지 못해야 한다. (아무 데서나 갑자기 튀 어 오르는 물고기.)"(371)

이제 우리는 브레송이 고전주의와 아무 상관이 없다 는 것을 안다. (‹호수의 랜슬롯›과 ‹돈›이 이를 잘 보여준 다.) 그의 작품 전체는 의미의 단순한 탐사 저 너머에 있다. 진실, 아름다움, 우리가 느끼는 신성한 신비의 단편 하나 하나는 속기 쉬운 [감각의] 통로들을 통해 지각된다. 진실 은 취약한 것이라서 경계를 늦추면 안 된다.

세월이 흘러도 브레송은 혼자서 좁은 길을 따라 간다. 그의 영화 작품 하나하나는 이 현기증 나는 공허(空虛) 위 로의 도약이다. 이 때문에 그가 손으로 쓴 이 노트는 우리 에게 너무 소중하다. 그것은 오랜 시간의 희망과 절망, 동 경과 거부의 흔적이다. 로빈슨 크루소의 나무 달력에 새긴 표시처럼 심오하고 참되다. 그의 노트, 꿈, 열정은 우리에 게 육체와 정신의 보족성(補足性), 형태들의 언어, 소리들의 언어를 보여준다.

"언제 봐도 신선한 화가의 화폭처럼, 나는 내 영화가 시선에 따라서 만들어지기를 꿈꾸었다."(404)

브레송의 꿈은 삶의 풍요로움과 광채를 함께 나누는 것이다. 사람의 몸과 얼굴에 대한 그의 사랑. 젊은 여자의 목덜미, 어깨, 땅 위에 굳게 멈춰 선 두 맨발.

"한숨 한 번, 침묵 한 번, 단어 하나, 문장 하나, 엄청난 소음 하나, 손 하나, 네 모델의 전체 모습, 쉬고 있거나 움직이는, 측면이나 정면으로 잡은 그의 얼굴, 극단적인 롱숏, 줄어든 공간…"(86) 그리고 이런 것도 있다. "눈이 가진 사정력(射精力)."(34)

이 불확실하면서도 엄밀한 탐구에서 브레송은 우리에게 절제의 필요성뿐만 아니라 창조의 기쁨에 대해서도 가르쳐준다. 예술은 정신 속에 있는 것이 아니다. 예술은 눈 속에, 귀 속에 있고, 피부 하나하나 위에 있다. 모차르트가 자신의 협주곡에 대해 한 말은 여기서 온전한 의미를 갖는다. "탁월하지만…, 빈곤이 부족하다."(116)

브레송의 말 하나하나는 똑같은 강도(强度)가 있다. 이 말들은 한 노련한 감독이 쓴 일지 이상의 것이다. 이 말들은 흉터이고 고통의 흔적이며 보석이다. 우리의 어둠—스크린에 불이 켜지기 전에 반드시 와야만 하는 창조의 어둠—속에서 이 말들은 별들처럼 빛나며, 우리에게 완벽을 향해 가는 단순하면서도 까다로운 길을 보여준다.

르 클레지오

1부

1950~1958

내 안에 축적된 오류와 거짓에서 벗어날 것. 내가 사용   1
할 수 있는 수단들을 인지하고, 이들을 확보할 것.

*

내가 사용할 수 있는 수단들의 수가 많아지면, 이들을   2
잘 사용할 수 있는 능력은 줄어든다.

*

정확성에 통달할 것. 나 자신이 정확성의 도구가 될 것.   3

*

집행인의 영혼을 갖지 말 것. 촬영할 때마다 매번, 내가   4
전에 상상했던 것에 새로운 기지(奇智)를 더할 것. 즉각
적인 발명(재발명).

*

연출가 또는 감독. 누군가를 감독하는 일이 아니라 자   5
기 자신을 감독하는 일이 중요하다.

*

[네 영화에] 배우는 없다.   6

(배우의 연기 지도도 없다.)

[네 영화에] 배역은 없다.

(배역 연구도 없다.)

[네 영화에] 연출은 없다.

단지 삶에서 끌어낸 모델의 기용이 있을 뿐이다.

꾸며서 보여주기(배우) 대신에 **존재하기**(모델).

모델:

7 외부에서 내부로의 운동. (배우: 내부에서 외부로의 운동.)

8 중요한 것은 모델들이 내게 보여주는 것이 아니라 내게 숨기는 것이며, 특히 그들이 <u>자기 안에 이미 있는 것을</u> <u>의심하지 않는 것</u>이다.

9 모델과 나 사이에는 텔레파시적인 교감, 직감이 있다.

*

10 (1925년인가?[3]) **유성영화**는 연극에 문을 열어주었고, 연

극이 [영화 안에] 자리를 차지하고 그 둘레에 철조망을
쳐 놓았다.

*

두 종류의 영화가 있다. 연극의 수단들(배우, 연출 등)　11
을 사용하며, 복제의 목적으로 카메라를 사용하는 영
화[시네마]가 그 하나다. 시네마토그라프의 수단들을
사용하며, 창조의 목적으로 카메라를 사용하는 영화
[시네마토그라프]가 다른 하나다.

*

연극의 끔찍한 습관.　12

*

시네마토그라프는 움직이는 영상과 소리로 쓴 것이다.　13

*

영화는 [연극과 같은] 스펙터클이 될 수 없다. 스펙터클　14
에는 피와 살로 된 존재가 필요하기 때문이다. 그러나
영화는, 촬영한 연극이나 **시네마**에서 그런 것처럼 어떤
스펙터클의 사진적 복제가 될 수는 있다. 그런데, 스펙

터클의 사진적 복제는 회화 작품이나 조각 작품의 사진적 복제와 비교할 수 있다. 그러나 도나텔로의 조각 작품 ‹성 세례요한›이나 페르메이르의 회화 작품 ‹진주 목걸이를 한 여인›의 사진적 복제는 영향력도, 가치도 없고, 그 조각 작품이나 회화 작품과 같은 값어치가 나가는 것도 아니다. 사진적 복제는 이런 것들을 만들어내지 않는다. 아무것도 만들어내지 않는다.

*

15 시네마에 속하는 영화들은 아카이브에나 들어갈 역사가의 사료(史料)일 뿐이다. 천구백 몇 년에 X군이나 Y양이 어떻게 연기했는지를 보여주는 사료.

*

16 배우는 시네마토그라프에서 낯선 나라에 온 것과 같다. 그는 그 나라의 말을 모른다.

*

17 촬영한 연극이나 시네마는 연출가나 감독이 배우들에게 연기를 시키고 연기하는 배우들을 촬영하기를 바란다. 그러고 나서 연출가나 감독은 영상들을 정렬한다.

연극을 연극으로 만드는 것—살아 있는 배우들의 물리
적 현존, 배우들에 대한 관객의 직접적인 반응—이 없
는 연극의 사생아.

<blockquote>
"자연스러움(naturel)은 없지 않지만,   18
자연은 없다."—샤토브리앙
</blockquote>

자연: 극예술이 훈련을 통해 습득하고 유지하는 자연스   19
러움을 얻기 위해 없애버리는 것.

*

미리 계산한 감정에 따라 삶을 모방하는 연극의 자연스   20
러운 톤보다 영화에서 더 거짓된 것은 없다.

*

이 동작은 이렇게 해야 하고 이 대사는 저렇게 말하기   21
보다는 이렇게 말해야 한다 등과 같이 더 자연스러운
것을 찾는 일은, 시네마토그라프에서는 불합리하며 아
무 의미도 없다.

22 배우와 나무 사이에는 어떤 가능한 관계도 없다. 이 둘
은 각기 서로 다른 두 우주에 속한다. (연극에 나오는 나
무는 실제 나무인 것처럼 <u>가장한다.</u>)

*

23 인간의 본성(nature)이 그 실제 모습보다 더 생생하게 되
기를 바라지 말고 이 본성을 존중할 것.

*

24 연극과 시네마토그라프가 서로를 절멸시켜버리지 않
고서 결합되는 일은 없다.

*

25 시네마토그라프의 영화에서 표현은 영상과 소리의 관
계를 통해서 이루어지지, (배우든 배우가 아니든) 동작
이나 어조의 흉내를 통해서 이루어지지 않는다. 시네
마토그라프의 영화는 분석하지도 설명하지도 않는다.
<u>재구성한다.</u>

한 색채가 다른 색채들과 만나면서 스스로 변형되는 것   26
처럼, 한 영상은 다른 영상들[이어지는 숏들]과 만나면
서 변형되어야 한다. 파랑은, 초록이나 노랑이나 빨강
옆에 놓이면 이전과 같은 파랑이 아니다. 변형 없는 예
술은 없다.

*

시네마토그라프에서의 참된 것은 연극이나 소설이나   27
회화에서의 참된 것이 될 수는 없다. (시네마토그라프
가 자기 고유의 수단으로 포착한 것은, 연극이나 소설
이나 회화가 자기 고유의 수단으로 포착한 것이 될 수
는 없다.)

*

시네마토그라프의 영화에서 영상들은, 사전 속의 단어   28
들이 그런 것처럼, 어디에 놓이고 어떤 관계를 맺느냐
에 의해서만 힘과 가치를 가질 수 있다.

*

어떤 영상[숏]이, 따로 떼놓고 봤을 때 뭔가를 분명하   29

19

게 표현한다면, 이 영상에 해석이 이미 들어 있다면, 이 영상은 다른 영상들과 만나 변형되지 않을 것이다. 다른 영상들은 이 영상에게 어떤 힘도 발휘하지 못할 것이고, 이 영상은 다른 영상들에게 어떤 힘도 발휘하지 못할 것이다. 작용도, 반작용도 없다. 이 영상은 최종적이어서 시네마토그라프의 체제 속에서는 사용할 수 없다. (체제가 모든 것을 해결하는 것은 아니다. 체제는 뭔가를 끌어들이기 위한 미끼다.)

*

30 하찮은(의미 없는) 영상들에 전념할 것.

*

31 내가 만든 영상들을 약화시키지 말고 (다리미로 다린 것처럼) 평평하게 만들 것.

*

32 모델의 선택[캐스팅]에 대하여
[전화 등으로] 모델의 목소리를 들으면, 나는 그의 입과 눈과 얼굴이 그려지고 외적이든 내적이든 그의 전체 초상이 만들어진다. 그가 몸소 내 앞에 있는 것보다 더 낫

다. 귀만 가지고 얻어낸 가장 탁월한 해독.

시선에 대하여

누가 한 말이지? "시선만으로도 정념이 일어나고, 살인   33
이 일어나고, 전쟁이 일어난다."

*

눈이 가진 사정력(射精力).   34

*

어떤 영화를 편집한다는 것은, 시선을 통해 사람들을   35
다른 사람들이나 사물들과 이어주는 것이다.

*

눈으로 서로를 마주보고 있는 두 사람은, 서로의 눈이   36
아니라 서로의 시선을 본다. (이 때문에 우리는 어떤 사
람의 눈 색깔을 잘못 기억하는 것일까?)

*

37 두 개의 죽음과 세 개의 탄생에 대하여

내 영화는 내 머릿속에서 처음으로 태어났다가 종이 [시나리오] 위에서 죽는다. 내 영화는 내가 기용한 살아 있는 사람들과 실제 사물들에 의해 부활했다가 필름 위에서 죽는다. 그러나 일정한 순서로 배치해서 스크린에 상영하면, 물에 담근 꽃처럼 생기를 되찾는다.*

*

38 X가 각기 아틸라이고 마호메트이고 은행원이고 나무꾼이라는 걸 인정하면, X가 연기한다는 것을 인정한다는 뜻이다. X가 연기한다는 것을 인정하면, 그가 연기한 영화는 연극에 속한다는 것을 인정하는 것이다. X가 연기한다는 것을 인정하지 않으면, 아틸라=마호메트=은행원=나무꾼이라는 것을 인정한다는 뜻이다. 이는 불합리하다.

---

* 누군가를 촬영한다는 것은 그 사람에게 생명을 주는 것이 아니다. 배우들이 연극에 생기를 불어넣는 것은 배우들 자신이 살아 있기 때문이다.

＊

X의 영화가 상영되는 동안 박수가 나온다. 이는 그의 영 39
화가 어쩔 수 없이 '연극'에 불과하다는 인상을 남긴다.

＊

자신의 신비로운 외양에 갇혀 있는 모델. 그는 자기 외 40
부에 있던 모든 것을 자신에게 가져왔다. 이 이마, 이 뺨
뒤에 그가 있다.

＊

몸의, 사물의, 집의, 거리의, 나무의, 들판의 '시각적 말 41
투(Parlure visible)'.

＊

창조한다는 것은 사람들이나 사물들을 왜곡하거나 지 42
어내는 것이 아니다. 이미 존재하는 사람들이나 사물
들 사이에서, 그들이 존재하는 모습 그대로 새로운 관
계들을 맺게 하는 것이다.

＊

네 모델들에게서 의도를 확실하게 제거하라. 43

*

44 네 모델들에게 하는 말: "당신이 말하는 것을 생각하지 마라. 당신이 행하는 것을 생각하지 마라." 그리고 또한, "당신이 말한 것에 대해 생각하지 마라. 당신이 행하는 것에 대해 생각하지 마라."

*

45 네 상상력은 사건보다는 감정을 겨냥해야 할 것이다. 이 감정[의 묘사]이 가능한 한 다큐멘터리적인 것이 되기를 바라면서.

*

46 너는 네가 세운 규칙들로 네 모델들을 인도해야 할 것이다. 이들이 너에게 그들 자신을 맡기고, 너는 이들에게 너 자신을 맡긴 채로.

*

47 사람과 사물 들의 하나밖에 없는 신비.

*

48 바이올린 하나로 충분하면, 두 개를 쓰지 마라.[†]

*

촬영. 강렬한 호기심과 무지의 상태가 될 것. 어쨌거나   49
사태를 먼저 볼 것.

*

참된 것은 그 효율성 때문에, 그 힘 때문에 알아보게 된   50
다.

*

적절함(justesse)에 매혹되어.   51

*

표현력이 강한 배우의 얼굴을 클로즈업해보면, 그가   52
만들어낸 가장 작은 주름마저도 가부키의 과잉을 떠올
리게 한다.

*

시네마토그라프의 매끈함(lisse)을 연극의 두드러짐   53

† "어떤 협주곡[악보]에 '솔로'라는 말이 쓰여 있으면, 바이올린 하나로만 연
주해야 한다는 점을 유의하시오." (비발디)

(relief)에 대항시킬 것.

*

54   성공은 크면 클수록 실패를 아슬아슬하게 스쳐 간다.
(회화의 걸작들이 저속한 채색화를 아슬아슬하게 스쳐
가는 것처럼.)

*

55   접합부에서 벌어지는 일. M 장군이 말하기를, "엄청난
전투들은 거의 항상 작전본부들의 지도가 겹치는 지점
에서 일어난다."

*

56   전쟁의 예술, 시네마토그라프. 전투를 준비하는 것처
럼 영화를 준비할 것.*

*

57   좋은 영상들을 모아놓으면 혐오스러울 수 있다.

* 으댕(Hedin)에서 우리[영화제작팀]는 모두 프랑스호텔이란 곳에 묵었다. 밤
에 나폴레옹의 말이 계속 떠올랐다. "잠들어 있는 내 병사들의 심경으로 나는
전투 계획을 짰다."

참된 것과 거짓된 것에 대하여

참된 것과 거짓된 것을 뒤섞으면, 거짓된 것(촬영한 연 58
극이나 **시네마**)이 나온다. 거짓된 것이 고르게 퍼져 있
을 때 참된 것(연극)이 나올 수도 있다.

*

참된 것과 거짓된 것을 섞어놓으면, 참된 것 때문에 거 59
짓된 것이 두드러져 보이고, 거짓된 것 때문에 참된 것
을 믿지 못하게 된다. 진짜 폭풍이 덮친 진짜 배의 갑판
위에서 배우가 조난의 공포를 흉내 내고 있으면, 우리
는 배우도, 배도, 폭풍도 믿지 않는다.

음악에 대하여

[네 영화에] 배경음악이나 [화면에 이미 있는 감정을] 60
지지하거나 강화시키는 음악은 없다. 어떤 음악도 없
다.†

† 물론 화면에 보이는 악기로 연주한 음악은 제외.

61   소음이 음악이 되게 해야 한다.

*

62   촬영. 네가 비밀스럽게 기다리고 있지 않으면, 예기치
      않은 것은 그 어떤 것도 만날 수 없다.

*

63   촬영 현장에서 파고들어가라. 다른 곳으로 미끄러지지
      마라. 두 겹, 세 겹으로 덮인 사태의 핵심으로 가라.

*

64   부동성과 침묵으로 소통하는 모든 것을 끝까지 파헤쳤
      는지 확인하라.

*

65   네 모델들이 기이함과 수수께끼를 갖고 있다는 증거를
      그들에게서 끌어내라.

*

66   네게 시네마토그라프에 대한 고급한 이념을 주는 영화
      를, 너는 아름다운 영화라 부를 것이다.

영상[숏] 하나의 절대적 가치는 없다.   67

네가 적절하게 사용할 경우에만, 영상과 소리는 가치

와 힘을 갖게 될 것이다.

*

모델. (네가 시킨 동작과 대사 들로) 질문을 던지면, (답   68

하기를 거부한 경우에라도) 너는 종종 알아차리지 못

하지만 네 카메라가 기록하는 [모델의] 대답. 그다음은

네 연구[몽타주]에 맡겨진다.

자동성에 대하여

우리 움직임의 9/10는 습관과 자동성을 따른다. 움직임   69

을 의지와 사유에 종속시키는 것은 자연을 거스르는 일

이다.

*

(모든 것을 검토하고, 헤아려보고, 시간을 재보고, 열   70

번 스무 번 반복하면) 모델은 자동적이 되어 네 영화의

사건들 속에 자리 잡게 되는데, [이때에는] 모델이 다른 사람들 또는 자신을 둘러싼 사물들과 맺는 관계가 적절해질 것이다. 이 관계는 사유된 것이 아니기 때문이다.

*

71 자동적으로 영감을 받고 창의적이 된 모델들.

*

72 사람들은 여기서 영혼과 마음을 느끼지만, 마치 수작업으로 한 것처럼 만들어지는 네 영화.

*

73 **시네마**는 공통의 기반만 파헤친다. 시네마토그라프는 미지의 행성에서 발견의 여행을 한다.

*

74 모든 것이 다 제시되지 않을 때, 단어 하나, 시선 하나, 동작 하나가 이면(裏面)을 갖는다.

*

75 실제로 바닷가에서, 해변에서 촬영한 X의 영화에서 무

대 특유의 냄새가 난다는 사실은 시사적이다.

*

예기치 못한 장소에서 미지의 모델들과 즉흥적으로 촬 76
영하게 되면, 나는 긴장된 경계 상태를 늦추지 못한다.

*

다른 무엇보다 영상[숏]들의 내밀한 결합이, 이 영상들 77
을 감정으로 가득 채우게 하기를.

*

순간들을 포착하기. 자발성, 신선함을. 78

*

벽에 매달린 직사각형의 흰 스크린에서 모든 것이 끝난 79
다는 사실을 어떻게 받아들이지 않을 수 있겠는가? (네
영화를 채워야 할 표면으로 바라보라.)

*

X는 나폴레옹을 흉내 내지만, 나폴레옹의 본성은 흉내 80
낼 수 없다.

81 연극에 속하는 영화 xxx에서 이 위대한 영국 배우는, 자신이 지금 말하고 있는 문장들을 즉각적으로 만들어 내고 있다고 우리를 믿게 하기 위해 [일부러] 더듬더듬 말한다. 더 생생하게 보이기 위한 그의 노력은 정반대 의 결과를 낳을 뿐이다.

*

82 너무 뻔한 영상(클리셰)은 아무리 적절해도 적절해 보 이지 않는다.

*

83 영화를 촬영하는 동시에 편집해라. (힘의, 안정의) 중심 들이 형성되면서 나머지 모든 것이 여기에 달라붙게 된 다.

*

84 어떤 인간의 눈도 포착할 수 없고, 어떤 연필, 붓, 펜도 고정시킬 수 없는 것을 네 카메라는 그게 뭔지도 모른 채 포착하고, 기계의 정직한 무관심으로 고정시킨다.

카메라는 뛰어다니고 날아다니지만, [부인할 수 없는]   85
X의 영화의 부동성.

*

한숨 한 번, 침묵 한 번, 단어 하나, 문장 하나, 엄청난 소   86
음 하나, 손 하나, 네 모델의 전체 모습, 쉬고 있거나 움
직이는, 측면이나 정면으로 잡은 그의 얼굴, 극단적인
롱숏, 줄어든 공간… 모든 것이 정확히 제자리에 놓이
는 것, 이것이 네가 가진 유일한 수단이다.

*

많은 양의 대사가 영화에 해롭지는 않다. 어떤 종류의   87
대사인가가 문제지 양이 문제는 아니다.

*

네 모델들에게 이렇게 말해도 우스꽝스럽지는 않을 것   88
이다. "나는 당신들을 당신들의 모습 그대로 만들어냅
니다."

*

89 서로 가장 멀리 떨어진, 서로 가장 다른 네 영상들을 무심하게 이어주는 것은 네 통찰이다.

*

90 시(詩)를 만들어내려고 쫓아다니지 마라. 시는 접합된 부분들(생략들)로 자기 스스로 침투한다.

*

91 두 개의 색조를 겹쳐 만든 불확실한 색깔처럼 불확실한 배우 X.

*

92 무대 위에서 연기는 [연극 배우의] 실제적 현존에 덧붙어 이를 강화시킨다. 영화에서 연기는 실제적 현존의 외양마저도 없애버리고, 사진으로 만든 환영도 죽여버린다.

*

93 (1954년이었던가?) **그랑프리**[호텔]에서 점심. 자발적으로 장님이 된 사람들의 왕국에 있는 외눈박이.

"내 판단력은 어디로 가버렸는가?　94
내 눈이 제대로 본 것을
내 판단력이 거짓이라고 비난하다니."[4]

*

사건을 이끄는 것은 감정이 되기를. 그 반대가 아니라.　95

*

시네마토그라프: [감독이] 쓰는 새로운 방식, 따라서　96
[관객이] 느끼는 새로운 방식.

*

모델. 움직이는 몸 위에 있는 움직이는 머리에서, 움직　97
이는 두 개의 눈.

*

네 배경(거리, 광장, 공원, 지하철)이 네가 여기에 배치　98
한 얼굴들을 삼켜버리지 않기를.

*

99   모델. 너는 모델이 해야 할 동작과 대사를 불러준다. 그
는 그 답례로 네게 <u>실체</u>를 준다. (카메라는 이를 기록한
다.)

*

100   모델. 모델이 물리적인 행위를 하게 되면, 밋밋한 발성
에서 출발했어도 그의 목소리는 자신의 진짜 본성에 적
합한 어조와 억양을 <u>자동적으로 획득한다.</u>

*

101   모든 예술 속에는 그에 반하여 작동하고 그것을 파괴하
려는 어떤 악마적 원리가 존재한다. 이와 유사한 원리
가 아마도 시네마토그라프에게 전적으로 불리한 것만
은 아닐 것이다.

*

102   이념을 닮은 형식. 이 형식을 진정한 이념으로 간주할
것.

36

모델. "모두 다 얼굴."*   103

*

촬영

정확하게 작용하는 탁월한 우연들.† 나쁜 우연을 멀리   104
하고 좋은 우연을 끌어들이는 방법. 좋은 우연이 들어
올 수 있는 자리를 네 구성 속에 미리 마련해둘 것.

*

배우, 의상, 실내 장식, 소품을 보면 무엇보다 연극이   105
떠오르게 된다. 내 영화에 나오는 사람과 사물이 무엇
보다 먼저 시네마토그라프를 떠올리게 하지 않도록 신
경 쓸 것.

---

* "거지 중 한 사람에게 누가 말을 걸었는지 모르겠다. 그는 살을 에는 한겨울
추위에 셔츠 하나만을 걸치고 있었지만, 따뜻한 모피로 귀까지 감싸고 있던 사
람만큼이나 쾌활했고, 인내심이 있는 것 같았다. 그는 이렇게 대답했다. '어르
신은 얼굴만 내놓고 있네유. 지는 모두 다 얼굴이유.'" (몽테뉴, 『수상록』, 1권
21장.)
† "이전에 아무 생각 없이 구석에 방치해놓은 꽃들을 나는 종종 그립니다." (앙
리 마티스에게 보내는 오귀스트 르누아르의 편지. 『회상록』에서 인용.)

*

106 적은 것으로도 할 수 있는 사람은 많은 것으로도 할 수 있다. 많은 것으로 할 수 있는 사람은 적은 것으로도 항상 할 수 있는 것은 아니다.

*

107 촬영. 단지 인상이나 느낌만 주는 데 만족할 것. 그와 무관한 지성의 개입 없이.

*

108 (평평해진) 네 영상들이 지금의 모습과 전혀 다른 것이 될 수 있는 힘. 똑같은 영상이 열 가지 다른 길에 들어서면 열 번이고 다른 영상이 될 것이다.

*

109 [너는] 연출가도, 영화인도 아니다. 네가 영화를 찍고 있다는 사실을 잊으라.

*

110 배우. "자기 본성 앞에서 배우가 갈팡질팡하면," 관객은 그의 얼굴에서 재능만을 찾게 된다. 모든 살아 있는

존재 특유의 수수께끼를 찾으려 하지 않고.

*

[네 영화에] 지적인 메커니즘이나 두뇌의 메커니즘은 111
없다. 단지 메커니즘만 있다.

*

스크린에서 메커니즘이 사라지고, 네가 모델들에게 시 112
킨 대사나 동작이 네 모델들과 네 영화와 너 자신과 하
나가 된다면, 그렇다면 기적이다.

*

균형을 되찾기 위해 균형을 잃을 것.   113

*

이념들을 숨기되, 사람들이 찾을 수 있는 방식으로 숨 114
길 것. 가장 중요한 것은 가장 깊이 숨긴 것이다.

*

배우 밖에서, 배우와 별도로 연기 자체가 고유의 존재 115
감을 획득한 것 같은 연기, 생동감 있는 연기.

39

116 자신의 협주곡 몇 개(K. 413, K. 414, K. 415)에 대해 모차르트가 쓴 편지. "이 작품들은 너무 어려운 것과 너무 쉬운 것의 정중앙에 있다. 탁월하지만…, 빈곤이 부족하다."

*

117 몽테뉴: "영혼의 움직임은 몸의 움직임과 동일한 흐름으로 생겨난다."

*

118 몸에 대한 비관습적 접근.
가장 지각하기 힘들고 가장 내면적인 움직임이 나타나길 기다리면서.

*

119 능숙하게(habile)가 아니라 민첩하게(agile).[5]

*

120 내가 즉흥적으로 작업할 때 생겨나는 내 영화의 갑작스런 상승. 내가 단지 [계획을] 집행하기만 할 때 생겨나

는 갑작스런 하락.

*

시네마는 몸짓, 동작, 목소리의 고저를 통해 즉각적이면 121
서도 최종적인 표현을 추구한다. 이 체제는, 필연적으
로 영상과 소리의 접촉이나 교류에 의한 표현과 이로부
터 생겨나는 변형을 배제한다.

*

어떤 예술을 거치면서 그 예술의 흔적을 간직한 것은 122
다른 예술로 들어갈 수 없다.*

*

두 가지 예술을 결합한 수단으로 뭔가를 강하게 표현할 123
수는 없다. 완전한 이것, 아니면 완전한 저것이다.

*

어떤 주장을 예시(例示)하거나 남녀를 그 외적인 측면 124

---

* 시네마와 연극은 편의상 서로에게 기댄다. 이 둘의 혼합은 사람들의 관심을
끈다.

만 포착해서 보여주려고 촬영하지 말고, 이들이 어떤 질료로 이루어져 있는가를 알아내기 위해 촬영할 것. 시로도, 철학으로도, 극작술로도 포착되지 않는 이 '핵심 중의 핵심'에 도달할 것.

*

125 길을 가는 도중에 알게 되어 더 이상 서로 떨어질 수 없게 된 사람들 같은, 영상과 소리.

*

126 지나친 것도, 모자란 것도 없이.

*

127 X의 영화. 못된 두 개의 눈은 착하게 보이려고 애쓰고, 침묵하라고 만들어진 가시 돋힌 입은 끝없이 말을 하고, 그러면서 스스로 앞뒤가 안 맞는 말을 한다. 스타시스템에서는 남녀가 (유령 같은) 사실적 존재가 된다.

*

128 여기저기서 긁어모은 걸로 만들어낸, X의 영화의 매력.

*

처음 태동할 때 그랬던 것처럼, **시네마**의 영화는 배우만 129
을 기용하고 시네마토그라프의 영화는 모델만을 기용
한다.

*

음악은 [영화에서] 모든 자리를 차지해버리고, 자기가 결 130
부된 영상에 어떤 추가적인 가치도 부여하지 않는다.

*

유성영화는 침묵을 발명했다. 131

*

절대적인 침묵과, 피아니시모의 소음으로 만든 침묵. 132

*

X의 영화. 연극에서와 같은 울부짖음과 외침. 133

*

모델. 네가 모델과의 우연한 일치를 통해 너 자신에 대 134
해 알게 되는 것.

영상 하나하나, 소리 하나하나가 네 영화와 네 모델들 뿐만 아니라 너 자신에게도 힘을 발휘하게 되기를.

*

135 (굴뚝에 바람을 끌어들이는 것처럼) 관객의 주의를 끌어라.

*

136 아주 작은 주제 하나가 복잡하고 심오한 조합의 계기가 될 수 있다. 너무 포괄적이거나 너무 먼 주제를 피하라. 이 경우에는 네가 길을 잃을 때 그 무엇도 네게 경고해 주지 않기 때문이다. 아니면 네 삶과 연관될 수 있는 것, 네 경험에서 나온 것만을 취하라.

*

137 음악의 일반성은 특정 영화의 일반성과 조응하지 않는다. 또 다른 열광들을 가로막는 열광.

*

138 "악마는 입으로 뛰어 들어갔다." 악마가 입으로 뛰어 들어가게 하지 말 것.[6] "모든 유부남은 추하다." 추한 유

부남을 무더기로 보여주지 말 것.

*

조명에 대하여   139
더 많은 조명을 비추어서가 아니라, 내가 이들을 바라
보는 새로운 앵글을 통해 더 눈에 띄게 된 사물들.

*

아직 한번도 연결시켜보지 않은 사물들, 연결될 것처   140
럼 보이지 않았던 사물들을 연결시킬 것.

*

모든 측면으로 열려 있어서 산만한 X의 영화.   141

*

모델. 물질적으로 표현되지 않은 모델의 특징, 생각, 감   142
정은 두 개 이상의 영상들[숏들]의 상호소통과 상호작
용을 통해 눈에 보이게 된다.

*

과장도, 과잉도 없이.   143

*

144 드뷔시는 피아노 뚜껑을 닫아놓은 채로 연주했다.

*

145 적절하지 않거나 단지 자리를 잘못 잡은 단 하나의 단
어, 단 하나의 동작이 나머지 모든 것을 방해한다.

*

146 어떤 소음의 리드미컬한 가치
단지 리듬의 필요성 때문에 [영화에서] 열리고 닫히는
문소리, 발자국 소리 등.

*

147 망친 것도, 자리를 바꾸면 성공한 것이 될 수 있다.

*

148 모델. 모델의 불변성: 다른 존재가 될 수 있는 항상 동일
한 방법.

*

149 배우는 다른 사람으로 보이려고 자신에게서 벗어날 필

요가 있다. 네 모델들은, 한번 자신에게서 벗어나면 다시는
자신에게 되돌아갈 수 없을 것이다.

*

거리, 기차역, 공항 등의 조직되지 않은 소음들을 재조   150
직할 것. (네가 듣는다고 믿는 것은 네가 [실제로] 듣는
것이 아니다.) 다른 소리들이 없는 상태에서 이 소음들
을 하나씩 하나씩 다시 취해 그 혼합을 조제할 것.

*

연기   151
배우: "당신이 보고 듣는 것은 내가 아니라 다른 사람이
다." 그러나 온전히 다른 사람이 될 수는 없기 때문에,
배우는 이 다른 사람이 아니다.

*

지성으로 통제되는 시네마의 영화는 더 멀리 갈 수 없다.   152

*

실재(le réel)로 실재를 손보도록 하라.   153

154 모델. 그 순수한 본질.

*

155 영상과 영상, 소리와 소리, 영상과 소리 사이에서 만들어지는 교류는, 네 영화에 나오는 사람과 사물에 시네마토그라프의 생을 부여하고, 미묘한 작용을 통해 네 구성을 하나로 만든다.

*

156 시선이 주도하는 영상들. **그러나 배우의 연기 때문에 눈이 갈피를 잡지 못하게 된다.**

*

157 미술과는 어떤 경쟁도 없다.

*

158 강렬함에 이를 때까지 분해하고 재조립할 것.

*

159 네가 사용한 수단들 밖에서 네 영화에 대해 생각하지

마라.

*

연극 무대 출신의 배우는 반드시 자기 예술의 관습과   160
교훈과 자기 예술에 대한 의무를 가지고 온다.

*

너 자신을 네 모델들과 동질적으로 대하고, 네 모델들   161
을 너 자신과 동질적으로 대하라.

*

이미 자기들의 내적인 결합을 예비하고 있는 영상들.   162

*

외적으로는 기계적이지만, 내적으로는 자유로운 모델   163
들. 이들의 얼굴에 의도된 것은 전혀 없다. "우연적인
것 속에 있는 불변의 것, 영원한 것."

*

네가 [뭔가를] 볼 때, 네가 보는 것을 최초로 보는 사람   164
이 되어라.

49

165 　더빙이라는 순전한 야만

입술의 움직임과 일치하지 않고, 폐와 심장의 박동과
도 일치하지 않는 현실성 없는 목소리. '자기 입을 착각
한' 목소리.

*

166 　과거를 현재로 돌려놓을 것. 현재의 마술.

*

167 　모델. 네가 [촬영] 이전에, 심지어 [촬영] 도중에도 그에
대해 상상도 할 수 없었던 모든 것들.

*

168 　모델. 모방할 수 없는 영혼과 몸.

*

169 　낡은 것을 관습적으로 둘러싸고 있는 것에서 네가 낡은
것을 떼어내면, 낡은 것은 새 것이 된다.

*

(어떤 영상, 어떤 소리의) 반복에서 네가 끌어낼 수 있 170
는 온갖 효과들.

*

영상과 소리와 침묵 사이에서 동족성(同族性)을 찾을 171
것. 이들에게 [적절한] 자리를 찾아주어서 이들 모두 기
뻐하는 분위기를 만들어줄 것. 밀턴의 말: "침묵은 기뻐
했다."

*

모델. 그의 의식(意識) 부분을 최소한으로 축소시킬 것. 172
톱니 바퀴를 조여 모델이 자기 자신이 되지 않을 수 없
게 만들고 [영화에] 쓸모 있게 되는 것 말고는 어떤 것
도 할 수 없게 만들 것.

*

영상들. 마치 음악에서 조바꿈처럼. 173

*

모델. 자기 속으로 물러나 있는 모델. 그에게서 빠져나온 174

얼마 안 되는 것들 중에서 너에게 맞는 것만을 취하라.

*

175 모델. 내적인 상태가 되는 그의 방식. 유일하고 모방할
    수 없는.

*

176 문학에 전염된 X의 영화. 연속적인 것들(패닝과 트랙
    킹)로 이루어진 묘사.

*

177 어떤 영화의 무질서가 너무 단조로운 나머지, 우리를
    속이고 우리에게 질서의 환영을 주는 경우가 있다. 그
    러나 이 질서는 부정적인 질서이며 불모의 질서다. **질
    서와 무질서 모두에서 적당히 거리를 두고.**

*

178 네 느낌을 파헤쳐라. 그 안에 있는 것을 바라보라. 이를
    말로 분석하지 마라. 이를 자매 영상들로, 여기에 대응
    하는 소리들로 옮겨라. 네 느낌이 분명하면 할수록, 네
    스타일이 확립된다. (스타일: 기술이 아닌 모든 것.)

촬영   179

네 영화는, 네가 눈을 감고 보는 것과 닮아야 한다. (너
는 언제나, 네 영화 전체를 볼 수 있고 들을 수 있는 능
력을 갖고 있어야 한다.)

시각과 청각

이 소리가 (또는 이 영상이) 왜 거기에 있는지를 잘 인지   180
할 것.

*

눈을 위해 있는 것은, 귀를 위해 있는 것과 중복해서 사   181
용해서는 안 된다.

*

[관객의] 눈을 완전히 장악하면, 귀에는 아무것도, 거의   182
아무것도 제공하지 말 것.* 우리는 눈이면서 동시에 귀

---

* 그 역 또한 성립한다. 즉, [관객의] 귀를 완전히 장악하면, 눈에는 아무것도

가 될 수는 없다.

*

183 어떤 소리가 어떤 영상을 대체할 때는, 영상을 제거하
거나 중화시킬 것. 귀는 더 안쪽을 향하고, 눈은 바깥쪽
을 향한다.

*

184 어떤 소리가 어떤 영상을 구제하러 와서는 결코 안 되
고, 어떤 영상이 어떤 소리를 구제하러 와서는 결코 안
된다.

*

185 어떤 소리가 어떤 영상에 필수적인 보족물이라면, 소
리에 우선권을 주든지 아니면 영상에 우선권을 줄 것.
이 둘을 동등하게 사용하면, 서로에게 해가 되고 서로
를 죽인다. 흔히들 색채가 그렇다고 말하듯이.

제공하지 말 것.

영상과 소리가 서로를 원조(援助)해서는 안 되고, 각기   186
자기 차례가 올 때 일종의 릴레이처럼 작동해야 한다.

*

눈을 자극하기만 해도 귀가 초조해지고, 귀를 자극하기   187
만 해도 눈이 초조해진다. 이 초조함을 이용할 것. 조절
해가며 두 개의 감각에 호소하는 시네마토그라프의 힘.

*

빠름과 소란의 전략에, 느림과 침묵의 전략을 대립시   188
킬 것.

*

미국 영화(영국 영화였던가?) xxx. 두 명의 스타가 관객   189
의 주의를 끌려고 경쟁한다. 이들은 자기들의 용모를
통제하려 하고 여기에 끝없이 신경을 쓴다. 컬러로 찍
힌 이들의 얼굴에 나타난, 그레뱅 박물관[7]적 면모.

*

모델. 극예술을 향한 온갖 의무에서 면제된.   190

191 석고나 판지로 만든 것이 아닌, 진짜 말이나 진짜 개가 무대 위에 등장하면 거북하다. 시네마토그라프에서와 달리, 실재에서 진실을 찾으면 연극에 치명적이다.

192 모델. 그에게 이 문장을 말하게 하고 저 동작을 취하게 하는 이유는, 모델 안에 있지 않고 네 안에 있다. 그 이유는 네 모델 안에 없다. 연극이나 **시네마**의 영화에서 배우는, 그 이유가 자기 안에 있다고 우리를 믿게 하지 않으면 안 된다.

193 모든 것은 사라지고 분산된다. 모든 것을 지속적으로 하나로 이끌어갈 것.

194 시네마토그라프의 영역은 무한하다. 그 덕분에 너는 창조할 수 있는 무한한 힘을 갖게 된다.

*

모델. 너와 모델 사이의 간극을 줄이거나 없애는 데 그 195
치지 말 것. 더 깊은 탐색.

*

배우. 배우들이 (스크린에서) <u>표현력</u> 있게 다가서면 설 196
수록, 그들은 더 멀어진다. 집이나 나무는 다가서지만,
배우들은 멀어진다.

*

다른 예술의 형태로 구상한 예술보다 더 우아하지 못한 197
것, 더 효율적이지 못한 것은 없다.

*

연극에 뿌리를 내린 **시네마**에서는 아무것도 기대할 것 198
이 없다.

*

<u>자연스런 목소리, 훈련받은 목소리</u> 199
목소리는 살로 된 영혼이다. X가 그렇듯, 훈련을 받은
목소리는 영혼도 살도 아니다. 목소리는 정확성의 도

구지만, 별도로 작동하는 도구다.

*

200 매순간 카메라 렌즈를 바꾸는 것은 매순간 안경을 바꾸는 것과 같다.

*

201 <u>믿기</u>
연극과 **시네마**에서는 믿기와 믿지 않기가 번갈아가며 나타난다. 시네마토그라프는 지속적인 믿기다.

*

202 찾으려고 하지 말고 발견하라. 이 규범을 실행할 것.

*

203 모델. 네가 모델을 이끌어가지 말고, 네가 그들에게 시킨 대사와 동작이 모델을 이끌어가게 할 것.

*

204 네 모델들에게 하는 말: "다른 사람을 연기해서도 안 되고 당신 자신을 연기해서도 안 된다. 그 누구도 연기해

58

서는 안 된다."

*

새로운 시네마토그라프로만, 즉 새로운 것으로만 표현   205
할 수 있는 것.

*

음악의 정확성, 이와 동시에 음악의 부정확성. 예측할   206
수 없는 수천의 느낌이 생겨날 가능성.

*

배우는 실제로 거기 있지 않은 것을 자기에게서 끌어낸   207
다. 착시를 일으키는 자(illusionniste).

*

격정(분노, 공포 등)을 피할 것. 배우는 격정에 빠진 것   208
처럼 가장하라는 요구를 받지만, 그러면 모든 사람이
서로 닮아 보인다.

*

리듬   209

리듬의 전능성.

리듬 속에서 취한 것들만 지속 가능하다. 내용이 형식을 따르게 하고, 의미가 리듬을 따르게 할 것.

동작과 대사

210 동작과 대사는 연극의 실체가 될 수는 있지만, 영화의 실체가 될 수는 없다. 그러나 동작과 대사가 불러일으키고 네 모델들에게서 은밀하게 생성되는 이런 ··· 것이나 이런 것들이 어떤 영화의 실체가 될 수는 있다. 네 카메라는 이를 보고 기록한다. 이렇게 해서 우리는 극을 연기하는 배우들의 사진적 복제에서 벗어나고, 이와 동시에 새로운 쓰기인 시네마토그라프는 발견의 방법이 된다.*

*

211 네 영화의 운행에 녹아든 모델들은, 그들이 기계적으로

---

* 그 이유는, 우리가 사전에 미지의 것을 발견했기 때문이 아니라 기계 장치가 미지의 것을 보여주기 때문이다.

스무 번씩 반복한 동작들을 자신에 맞게 길들이게 될 것이다. 그들이 입술 끝으로 습득한 대사는, 이들의 정신을 배제한 채, 대사의 진정한 본성에 맞는 굴곡과 가락을 찾게 될 것이다. 실제 삶의 자동성을 되찾는 방법. (한 명이든 여럿이든 배우들이나 스타들의 재능은 고려 대상이 아니다. 중요한 것은 네가 네 모델들에게 어떻게 접근하는가, 이들에게서 네가 미지의 것과 처녀성을 어떻게 성공적으로 끌어낼 수 있는가다.)

*

우리는 한 사람[의 실제 모습]과 그의 영상 사이의 차이   212
를 너무 쉽게 잊어버리고, 스크린에서 들리는 목소리와 실제 삶에서의 목소리가 아무 차이가 없다고 생각해버린다.

*

네가 영상을 촬영하거나 소리를 녹음할 때 네 모델들이   213
여기에 응할 준비가 되어 있으면 안 된다. 이들의 태도 (이 태도 안에 들어 있는 독창적인 것)를 편하게 만들어 줄 것.

214 네 영화는 어떤 도시나 시골, 집에서 볼 수 있는 아름다
움이나 슬픔 등을 가질 수 있지만, 어떤 도시나 시골, 집
의 사진에서 볼 수 있는 아름다움이나 슬픔 등을 가져
서는 안 된다.

*

215 **영상 언어에서 영상이라는 개념 자체가 완전히 사라져야 하
고, 영상은 영상의 이념을 배제해야 한다.**

*

216 <u>목소리와 얼굴</u>
이 둘은 함께 자라나서 서로에게 익숙해졌다.

*

217 네 영화는 완전히 끝난 것이 아니다. 그것은 [관객의]
시선 아래서 <u>다시 만들어진다</u>. 기다림과 유예의 상태
에 놓인 영상과 소리.

*

218 오늘* 나는 영상과 소리의 영사에 참석한 것이 아니다.

나는 영상과 소리가 서로에게 가하는 즉각적이고 가시적인 행위에, 이들의 변형에 참석한 것이다. 마법에 걸린 필름.

*

라신(Racine)은 무대와 관객을 나누는 건널 수 없는 거 219
리를 요구했다. 그것은 희곡 한 편이 현실에 대해 취한
거리이지, 작가가 자기 모델(들)에 대해 취한 거리가 아
니다.

*

옛날에는 미(美)의 종교와 주제의 승화(昇華)가 있었다. 220
오늘날에도 이와 똑같은 고귀한 갈망들이 있는데, 질료
와 리얼리즘에서 빠져나오는 것, 자연에 대한 저급한
모방에서 벗어나는 것이 그것이다. 그러나 승화는 테크
닉을 향해 몸을 돌린다… **시네마는** 이것도 저것도 아닌
상황에 놓여 있다. **시네마는** (사진적) 테크닉을 승화시
킬 수도, (자기가 그 모습 그대로 모방하는) 배우들을 승

---

* 1956년 10월의 편집 작업 때였던가? [<사형수 탈옥하다>의 편집을 가리키
는 것으로 보인다.―옮긴이]

화시킬 수도 없다. **시네마는** 연극적이고 관습적이라서 전적으로 리얼리즘적인 것도 아니다. **시네마는** 리얼리 즘적이기 때문에 전적으로 연극적이거나 관습적인 것도 아니다.

*

221 움직임을 보면 행복해진다: 말, 운동선수, 새.

*

222 배우는 자신에 앞서 자기가 보여주고 싶은 인물의 형태 속에 자신을 투사한다. 자신의 몸, 얼굴, 목소리를 이 인물에게 빌려주고, 이 인물을 앉게 하고 일어서게 하고 걸어가게 한다. 자기가 갖고 있지 않은 감정과 열정을 이 인물에게 침투시킨다. 그의 '자아'가 아닌 이 '자아'는 시네마토그라프와 양립할 수 없다.

*

223 모든 예술, 특히 극예술을 청산한 자연의 존재와 사물로 너는 예술을 만들 것이다.

64

*

문인(文人)의 정신에 단어들이 나타나는 것처럼, 영상   224
과 소리가 네 눈과 귀에 자발적으로 나타나기를.

*

대중을 감동시키려면 예술을 해서는 안 된다고 말할   225
때, X는 자신이 엄청나게 우둔하다는 점을 보여준다.

*

주지하다시피 너는 화가, 조각가, 소설가가 하는 것처   226
럼 사람과 사물의 외양을 모방해서는 안 되기 때문에
(이는 너를 대신해 기계가 해준다), 네가 하는 창조나
발명은 포착된 현실의 다양한 조각들을 연관 짓는 데
그친다. 어떤 조각들을 선택할 것인가 하는 문제도 있
다. 네 후각이 결정한다.

*

무대에서 배우를 고귀하게 만드는 바로 그것이 스크린   227
에서는 그를 저속하게 만든다. (다른 예술의 형태로 이
루어진 어떤 예술의 실천.)

228　모델. 모델은 촬영 중에 두드러지게 상실한 것을, 스크
린에서 심오하고 진실되게 되찾는다. 궁극적으로 가장
생기 넘치는 것은 가장 밋밋하고 가장 흐릿한 부분들이
다.

*

229　"그들은 이 단순성을 창의력이 거의 없다는 증거라고
생각한다." (라신의 『베레니스』, 서문)

*

230　두 가지 단순성이 있다. 나쁜 단순성은 출발선상에서
의 단순성으로서, 너무 일찍 찾은 것이다. 좋은 단순성
은 도달했을 때의 단순성으로서, 수년의 노력에 대한
보답이다.

*

231　코로(Corot)의 말: "애써 찾으려고 하지 마라. 기다려야
한다."

*

모델. (훈련되지 않은) 모델의 목소리는, 그의 내밀한   232
성격과 철학을 그의 겉모습보다 훨씬 더 많이 우리에게
알려준다.

*

지나가면서 바람이 조각한 물[의 무늬]로 보이지 않는   233
바람을 **형상화할 것**.

*

모델. 모델은 자기 안에 갇힌다. 탁월한 배우 X도 이렇   234
게 한다. 그러나 이는 연기(演技) 뒤에 숨어 알아볼 수 없
게 다시 나타나기 위해서다.

*

모델은 자기 특유의 경계심(警戒心)에서 벗어날 수 있으   235
며, 신성하게 '자기'가 될 수 있는 능력이 있다.

*

삶은 그 사진적 복제로 그려져서는 안 되고, 비밀스런   236
법칙으로 그려져야 한다. 우리는 네 모델들이 이 비밀

스런 법칙 속에서 움직이는 것을 느낀다.

*

237 수세기를 거치면서 연극은 부르주아적으로 변했다. 시
네마(촬영한 연극)는 이 부르주아화가 어느 정도까지
이루어졌는지를 보여준다.

*

238 비평가들은 모두 **시네마**와 시네마토그라프의 경계(境
界)를 구분하지 않는다. 때로 배우들의 부적절한 존재
와 연기에 눈을 뜨지만, 즉시 눈을 감아버린다. 스크린
에 상영되는 것이면 대체로 어떤 것이나 좋아해야 한다
는 의무감을 갖고서.

*

239 유사성, 차이
더 많은 차이를 얻기 위해 더 많은 유사성을 부여하라.
군복과 획일적인 생활 덕분에 군인들 각각의 본성과 특
성이 두드러지게 된다. 차려 자세를 하고 모두 부동 자
세로 서 있으면, 각자의 독특한 특징들이 나타난다.

실재

정신에 도달한 실재는 더 이상 실재가 아니다. 우리의   240
눈은 너무 많이 생각하고 너무 지적이다.
두 종류의 실재가 있다. 1) 카메라가 있는 그대로 기록
한, 날것 그대로의 실재. 2) 우리가 실재라고 부르지만,
우리의 기억과 잘못된 계산에 의해 왜곡해서 보는 실재.
문제. 네가 보는 것처럼 보지 않는 기계의 매개를 통해,
네가 보는 것을 [관객이] 보게 해줄 것.*

*

네 영화에 나오는 사람과 사물 들이 <u>동반자가 되어 동</u>   241
<u>일한 보폭으로 걷게 해야 한다.</u>

*

자기를 통제하지 않고 행하는 것, 이것이 네 모델들의   242
(화학적) 활동 원리다.

---

* 네가 듣는 것처럼 듣지 않는 또 다른 기계[녹음기]의 매개를 통해, 네가 듣는
것을 [관객이] 듣게 해줄 것.

69

*

243 관계의 적절함이 [영화가] 저속한 채색화로 전락하는
것을 막아준다. 관계가 새로우면 새로울수록, 미적 효
과는 더욱 생생해진다.

*

244 <u>분별력</u>(지각에서의 정확성)을 가질 것.

*

245 **존재와 사물이 살기 위해 기다리고 있는 연관들.**

*

246 말[대사]과 행동이 이어지지 않은 X의 영화.

*

247 참된 것은 네가 기용하는 살아 있는 사람들이나 실제
사물들 속에 있지 않다. 네가 이들의 영상을 일정한 순
서로 배치하면, 진실의 분위기를 갖게 된다. 거꾸로, 네
가 이들의 영상을 일정한 순서로 배치할 때 갖게 되는
진실의 분위기는, 이 사람과 사물 들에게 현실성을 부
여한다.

*

얼굴과 동작에 감정을 불어넣는 것은, 배우의 예술이고 248
연극이다. [그러나] 얼굴과 동작에 감정을 불어넣지 않
는 것이 시네마토그라프는 아니다. (의지적인 비표현
적 모델이 아니라) 무의지적인 표현적 모델.

*

(일반적으로) 눈은 피상적이고, 귀는 심오하고 창의적 249
이다. 기차의 기적소리는 우리 안에 기차역 전체의 상
(像)을 각인시킨다.

*

네 영화는 날아올라야 한다. 과장과 피토레스크pitto- 250
resque는 네 영화가 날아오르지 못하게 한다.

*

네가 없었으면 아마도 절대로 보이지 않았을 것을 보이 251
게 할 것.

*

(자기가 설명할 수 있는 것만을 발견하는) 심리학은 [네 252

영화에] 없다.

*

253 네가 무엇을 하는지 네가 알지 못하면, 그리고 네가 하
는 일이 가장 탁월하다면, 너는 영감을 받은 것이다.

*

254 (의도한 것이든, 의도치 않은 것이든) 약간의 흉내도 개
입시키지 않기 위해 네 카메라는 [모델들의] 얼굴을 가
로질러 지나간다. 보이는 내적 움직임으로 만든 시네
마토그라프의 영화.

*

255 영상과 소리는, 멀리서나 가까이서나 서로를 지탱해야
만 한다. 자립적인 영상도, 자립적인 소리도 없다.

*

256 참된 것은 모방할 수 없다. 거짓된 것은 변형할 수 없다.

*

257 네 모델이 어조(語調)에 대해 어떤 통제도 하지 않았을

때 나오는 적절한 어조.

*

모델. [네 영화에] 과시는 없다. 자신에게 되돌아가고, 258
보존하고, 어떤 것도 외부로 내보내지 않는 [모델의] 능
력. 모든 사람에게 공통된 어떤 내적인 형세: 두 눈.

*

네 모델에게 하는 말: "마치 당신 자신에게 말하는 것처 259
럼 말하시오." **대화가 아니라 독백.**

*

"그들은 모든 것이 다 수수께끼인 곳에서 해결책을 찾 260
고 싶었다."(파스칼)

*

아주 잘 알려져 있고 너무나 알아보기 쉬운 특징을 가 261
진 유명 스타 X.

*

모델. 네 카메라가 기록하는 것은, 이성적이지도 논리 262

적이지도 않은 모델의 '자아' 다.

*

263 모델. 네가 모델을 밝혀주고, 그가 너를 밝혀준다. 네가
그에게서 받은 빛은 그가 네게서 받은 빛에 첨가된다.

*

264 경제성
동일한 소음들과 동일한 반향을 반복해서 우리가 같은
장소에 있다는 것을 알게 해줄 것.

*

265 오늘도 어제와 똑같은 눈, 똑같은 귀로 촬영할 것. 통일
성, 동질성.

*

266 네 모델들이 네가 가고 싶은 곳으로 너를 인도할 수 있
도록 모델들을 잘 선택하라.

*

267 모델. 그들이 네 영화의 인물이 되는 방식은, 그들 자신

이 되는 것이고 자기 모습 그대로 남아 있는 것이다. (비록 네가 상상했던 것과 다르다고 해도.)

*

음악. 음악은 네 영화가 살아가야 할 삶에서 네 영화를 268
고립시킨다(음악적 희열). 음악은 실재를 심하게 변모
시키고 심지어 파괴하기도 한다. 알코올이나 마약처럼.

*

몽타주. 갑자기 네 모델들에게서 빠져나와서 그들 주 269
변을 맴돌다가 그들을 사물들과 연결시키는 인광체(燐
光體) (폴 세잔의 파랑색, 엘 그레코의 회색).

*

네 천재성은 (배우, 배경 등) 자연의 위조에 있지 않고, 270
기계를 통해 자연에서 직접 취한 조각들을 선택하고 정
렬하는 너만의 방식에 있다.

*

모델. 외적으로는 기계적으로 보이지만, 내적으로는 271
처녀 상태인 손상되지 않은 모델.

*

272 인상, 느낌을 소통할 것.

*

273 스크린에 얼굴을 가득 채웠지만, 멀리 있는 것처럼 보이는 X.

*

274 모델. 그 순수한 본질.

*

275 미화하지도, 추화하지도 마라. 왜곡하지 마라.

*

276 예술이 강한 충격을 주는 것은 자기의 순수한 형식 속에서다.

*

277 네 비밀스런 의지가 네 모델들에게 직접 전달될 때, 네 영화는 시작된다.

*

무대에서처럼 자기를 벗어나서 어떤 영화에 나온 배우 278
는 거기 있는 것이 아니다. 그의 영상은 비어 있다.

*

실재로 실재를 손보도록 하라. 279

*

감동적인 영상들로 감동을 주지 말고, (이 영상들에 생 280
기를 부여할 뿐만 아니라 감동적으로 만드는) 영상들
의 관계로 감동을 줄 것.

*

배우의 창조적 단순화는 기품이 있으며 무대 위에서 존 281
재 이유가 있다. 영화에서 배우의 창조적 단순화는 있
는 그대로의 인간에게서 복잡성을 없애버리고, 이와
함께 배우의 진정한 '자아'에 들어 있는 모순과 모호성
을 없애버린다.

*

몽타주. 죽은 영상에서 살아 있는 영상으로의 이행. 모 282

든 것이 다시 꽃핀다.

*

283 모든 사람이 질주하고 요란한 몸짓을 하는 느린 영화.
사람이 겨우 움직일까 말까 하는 빠른 영화.

*

284 두 영화에 같은 모델들을 다시 기용하지 마라. 1) 사람
들은 이들을 믿지 않을 것이다. 2) 모델들은, 마치 우리
가 거울에 우리 자신을 비춰보는 것처럼 이전 영화에
자기를 비춰볼 것이고, 자신들이 보여지기를 바라는
대로 우리가 이들을 보기를 원하게 될 것이고, 스스로
에게 규율을 부여할 것이고, 자기 문제점들을 고치면
서 스스로 환멸을 느끼게 될 것이다.

*

285 네 영화가 무엇을 나타내고 무엇을 의미하는지를 넘어
서, 네 영화를 움직이는 선(線)과 볼륨의 조합으로 바라
보라.

*

네 모델들이 스스로 극적이라고 느껴서는 안 된다.   286

*

주의를 다른 곳으로 돌리게 하는 것들을 없앨 것.   287

*

기존의 그 어떤 예술도 짐작조차 하지 못한, 새로운 세   288
계의 품격.

*

극도의 복잡성. 네 영화들은 시도이고 모색이다.   289

*

네 영상들은 서로 모임으로써 인광(燐光)을 발산하게   290
될 것이다. (배우는 즉각 인광을 발산하고자 한다.)

*

모델. 그의 눈동자에 포착된 섬광이 그의 존재 전체에   291
의미를 부여한다.

292 영상. 반영이자 반사체, 축전지이자 전도체.

293 아름다운 사진, 아름다운 영상이 아니라 필요한 영상,
필요한 사진.

294 관객을 존재와 사물에 대면하게 할 것. 굳어진 관습(클
리셰)에 따라 관객에게 자의적으로 자리를 부여하지
말고, 예측할 수 없는 네 인상과 느낌에 따라 네가 너 자
신에게 자리를 부여하는 것처럼 할 것. 그 어떤 것도 사
전에 결정하지 말 것.

295 자기 배역을 연구하는 배우는 (존재하지도 않는) 미리
알려진 '자아'를 가정한다.

296 촬영. 내가 힐끗 보았을 뿐인 것, 내가 아직 보지 못한
것, 내가 나중에라야 보게 될 것에서 그 어떤 것도 놓치

지 않겠다는 불안.

파편화에 대하여[*]

우리가 **재현**에 빠지고 싶지 않다면, 파편화는 불가피하   297
다.
존재와 사물 들을 분리시킬 수 있는 부분들로 볼 것. 이
부분들을 고립시킬 것. 이들에게 새로운 의존성을 부
여하기 위해서 부분들을 독립적으로 만들 것.

*

모든 것을 다 보여주게 되면 **시네마**는 클리셰가 되고,   298
모든 사람이 사물들을 보는 [똑같은] 습관을 가진 것처
럼 이들을 제시하지 않을 수 없게 된다. 이렇게 되면, 사
물들은 거짓이나 겉치레처럼 보이게 될 것이다.

[*] "어떤 도시나 어떤 시골은, 멀리서 보면 도시이고 시골이지만, 가까이 가면
집, 나무, 기와, 나뭇잎, 풀, 개미, 개미의 다리… 하는 식으로 끝없이 달라진다."
(파스칼)

*

299 배우가 [촬영] 이전이나 도중에 구상하는 목소리의 어
조, 몸짓, 동작.

*

300 촬영. 네가 치르는 엄청난 양의 노력에 네 영화가 값하
는 것인지 아닌지를 너는 한참 후에야 알게 될 것이다.

*

301 실재는 극적이지 않다. 드라마는 극적이지 않은 요소
들이 일정하게 진행하면서 생겨나게 될 것이다.

*

302 X는 자신의 영화에서 사물들을 서로에게 적합하지 않
게, 즉 아무 연관 없이 제시하는데, 따라서 이 사물들은
죽은 것이다.

*

303 네 영화는 눈을 산책시키기 위해서가 아니라 눈에 침투
하기 위해, 그 전체가 눈에 흡수되기 위해 만든 것이다.

*

압축에 의한 표현. 문인이 열 페이지에 걸쳐 장황하게 304
늘어놓을 것을 영상 하나에 집어넣을 것.

*

시네마의 실패. 스타시스템은, 엄청난 가능성과 그 결과 305
사이에서 벌어진 터무니없는 불균형이다.

*

영화연출가는 가상이 아닌 [실제] 사물들 한가운데서 306
배우들을 압박해서 가상의 존재를 흉내 내게 한다. 그
가 두둔하는 거짓된 것은 결코 참된 것으로 바뀌지 않
을 것이다.

*

배우는 아무리 탁월해도 (그림자 없는) 창조의 한 역할 307
을 맡을 뿐이다.

*

연극의 수단들을 빌려오면, 어쩔 수 없이 시각적, 청각 308
적 피토레스크에 이르게 된다.

*

309 우리는 덧붙이면서 창조하는 것이 아니라 잘라내면서 창조한다. 발전시키는 것은 또 다른 문제다. (늘어놓지 말 것.)

*

310 물고기를 얻기 위해 연못을 비울 것.

*

311 자기가 누구인지 모르는 모델들의 매력이 배우들의 확신과 대립한다.

*

312 동일한 주제도 영상과 소리에 따라 달라진다. 종교적 주제가 영상과 소리를 통해 위엄과 승화를 획득한다. (사람들이 생각하듯이) 그 반대가 아니다. 즉 영상과 소리가 종교적 주제를 통해…

*

313 배우에게 카메라는 관객의 눈이다.

84

＊

모델. 모델들은 관객이 아마도 보지 못하는 것(너는 단   314
지 엿보기만 하는 것)을, 관객이 아니라 너에게 준다.
비밀스럽고 성스러운 위임.

＊

냉담한 논평[보이스오버]은 대조를 통해 어떤 영화의   315
미적지근한 대사를 다시 데울 수 있다. 회화에서 뜨거
운 것과 차가운 것의 대조와 유사한 현상.

＊

반향의 효과에 의한 음악적 침묵. 마지막 단어의 마지   316
막 음절, 또는 지속 음표 같은 마지막 소음.

＊

너무 무질서하거나 너무 질서정연한 것들은 균등해져   317
서 더 이상 구별할 수 없다. 이 때문에 무관심과 권태가
생겨난다.

＊

눈에 띄는 트래킹이나 패닝은 눈의 움직임에 부합하지   318

않는다. 이것은 몸에서 눈을 분리시키는 것이다. (카메라를 빗자루처럼 사용하지 말 것.)

*

319   모델. 너는 모델들이 가진 힘의 한계를 정해놓지 말고, 이들이 힘을 발휘하는 영역의 한계를 정해놓아야 한다.

*

320   단순성과 적절성에 자리를 내주는, 수단의 양(量), 광대함, 거짓됨. 모든 것은 <u>너에게 충분한 것</u>이 어느 정도인지[의 문제]로 귀결된다.

*

321   '단순한' 연기나 '내적인' 연기가 아니라 전혀 연기하지 않는 것이 중요하다.

*

322   시네마토그라프의 영화는 정서적인 것이지 재현적인 것이 아니다.

86

*

예기치 않은 것을 추동할 것. 예기치 않은 것을 기다릴   323
것.

*

시네마는 영(零)에서 출발한 것이 아니다. 모든 것을 다   324
의심해야 한다.

*

외침 하나, 소음 하나. 그 소리의 반향으로 집, 숲, 초원,   325
산을 짐작할 수 있다. 소리가 부딪쳐 나오는 정도로 거
리까지도 알 수 있다.

*

너는 선명함과 정확도를 통해 눈과 귀가 부주의한 사람   326
들에게 주의를 강제할 수 있을 것이다.

*

모델. 모델에게 생기를 불어넣는 것(대사, 동작)은, 연   327
극에서처럼 모델을 묘사하는 것이 아니라 모델이 자기
자신을 묘사하지 않을 수 없도록 하는 것이다.

328　**시네마**의 영화는 현실의 배우를 복제하면서 현실의 인간을 있는 그대로 복제한다.

329　네 관객은 책의 독자도, 연극의 관중도, 전시회의 관객도, 콘서트의 청중도 아니다. 너는 문학적인 취향도, 연극적인 취향도, 회화적인 취향도, 음악적인 취향도 만족시킬 필요가 없다.

330　원인이 결과 뒤에 오도록 하라. 원인이 결과와 함께 나오거나 앞에 나오지 않게 하라.*

331　말과 생각이 항상 일치하는 것은 아니다. 말이 생각보

---

* 일전에 나는 노트르담 성당의 정원을 걷다가 한 남자와 마주쳤다. 그의 눈은, 내게는 보이지 않는 내 뒤쪽의 뭔가를 보다가 갑자기 생생하게 빛나기 시작했다. 내가 만약 이 남자와 동시에 젊은 여자와 아이—그는 이들 쪽으로 뛰어가기 시작했다—를 봤다면, 행복에 가득 찬 그 남자의 얼굴이 내게 그만큼의 충격을 주지는 않았을 것이다. 아마도 나는 여기에 주의조차 기울이지 않았을 것이다.

다 먼저 오거나 늦게 올 수도 있다. [그러나] 영화에서
이런 비일치를 흉내 내는 것을 보면 끔찍하다.

*

조화로운 관계는, 영상과 소리의 연쇄와 충돌에서 생   332
겨나야만 한다.

*

모델. [자기 안에] 갇혀 있는 모델이 외부와의 소통에   333
들어가는 것은, 그 자신도 모르는 순간뿐이다.

*

기대를 충족시키기 위해 기대를 만들어낼 것.   334

*

모델. 너는 손상되지 않은 모델의 영상을 고정시킬 것   335
이다. 그의 지성이나 너의 지성에 의해 왜곡되지 않은
모델의 영상을.

*

카메라와 녹음기가 섬광의 공간을, 네 모델이 너에게   336

뜻밖에도 새롭게 제공하는 것을 포착하도록 내버려두
라. 포기해서는 안 될 선(線)을 포기하지 않고 또 네가
어떤 것도 놓아버리지 않은 채로.

*

337 거장은 악보에 쓰여진 대로 우리에게 음악을 들려주는
것이 아니라 자기가 느끼는 음악을 들려준다. 배우...거
장.

*

338 사물의 모든 측면을 보여주지 말 것. 규정되지 않은 것
의 여백.

*

339 촬영한다는 것은 만나러 가는 것이다. 네가 비밀스럽
게 기다리고 있지 않으면, 예기치 않은 그 어떤 것도 만
날 수 없다.

*

340 새로운 관계들뿐만 아니라, 다시 연결하고 조립하는
새로운 방법[도 찾아야 한다].

*

[촬영할 때] 실재 앞에서 네가 주의를 집중하면 최초 구   341
상의 오류들*이 보일 것이다. 네 카메라가 이 오류들을
교정한다. 그러나 네가 느낀 인상이 흥미 있는 유일한
현실이다.

*

촬영한다는 것은 최종적인 것을 만드는 것이 아니라   342
[최종적인 것을] 준비하는 것이다.

*

화가가 같은 주제로 수많은 그림을 그리고 수많은 데생   343
을 하면서 매번 조금씩 적절함을 향해 전진하는 것처
럼, 같은 사물을 몇 번이고 찍을 것.

*

모델은 그 자신과 너에게 맞서서, 네가 상상한 가상의   344
인물에게서 진정한 인간을 끌어낸다.

* 종이[시나리오] 위에서 범한 오류들.

91

345 배우는 이중적으로 존재한다. 관객이 애지중지하도록
길들여진 것은, 배우 자신과 타인[그가 맡은 배역]이 번
갈아서 나타나는 존재다.

346 네가 네 모델로 인해 깜짝 놀랄 여지가 생길 수 있도록
한계를 잘 설정할 것. 유한한 프레임 속에서 생겨나는
무한한 경이(驚異).

347 날것 그대로의 실재는 그 자체만으로는 참된 것을 제공
하지 못한다.

348 네 카메라는, 연필이나 붓이나 펜으로 포착할 수 없는
물리적 운동을 포착할 뿐만 아니라, 카메라가 없었다
면 간파하지 못했을 징후들을 통해 식별할 수 있는 영
혼의 상태까지 포착해낸다.

*

<u>스타시스템</u>. 이것은 새롭고 예측할 수 없는 것이 갖고 349
있는 엄청난 매혹의 힘을 경멸하는 것이다. 이 영화에
서 저 영화로, 이 주제에서 저 주제로 이동하는, 믿을 수
없는 이 동일한 얼굴들 앞에서.

*

<u>이식</u>   350
서로에게 이식되면서 더욱더 강고해지는 영상과 소리.

*

관객에게 부분만을 제공하고서 관객이 그 전체를 추측 351
하도록 길들일 것. 추측하게 할 것. 추측하고 싶은 욕구
를 줄 것.

훈련

네 모델들에게 음절을 평평하게 발음하고, 개인적으로 352
<u>의도한 온갖 효과를 제거하는 데 적합한 대사 훈련을 시</u>
켜라.

93

균질화되고 고르게 조절된 텍스트. [관객이] 알아채지
못하고 지나갈 수 있는 표현은, 거의 느낄 수 없을 정도
의 [대사의] 감속과 가속, 목소리의 흐릿함과 광채로 얻
을 수 있다. 음색과 속도(음색=날인(捺印)).

*

353 우리의 눈과 귀가 요청하는 것은 진짜 같아 보이는 사
람이 아니라 진짜 사람이다.

*

354 그 느림과 침묵이 영화관[관객]의 느림과 침묵과 혼동
되는 영화들은 저주받았다.

*

355 배우의 연기는 최종적인 것이고 변형될 수 없다. 그것
이 행해진 그대로 남는다.

*

356 그리스정교의 의례: "주의를 기울이라."

시네마, 라디오, 텔레비전, 잡지는 부주의의 학교다. 보 357
지 않고서 응시하고, 듣지 않고서 귀를 기울인다.

*

모델. 모델은 네가 그에게 지시한 것(동작, 대사)으로 358
스스로 자신의 초상을 만든다. 이 초상의 유사성은, 화
가의 그림이 약간은 그런 것처럼, 너에게서뿐만 아니
라 모델 자신에게서도 비롯된 것이다.

*

색채는 네 영상에 힘을 준다. 색채는 실재를 더 진실되 359
게 묘사하는 수단이다. 그러나 실재 자체가 온전하게
실제적이지 않다면, 색채는 이 실재가 그럴듯하지 않
다(무가치하다)는 사실을 드러내버린다.

*

모델. 자동적이 되어서 온갖 사유로부터 보호받고 있 360
는.

*

361 관제화(官制畵)의 단계에 있는 영화들. 윌리앙 부그로의
     회화 ‹파리의 포위공격›[8]에서 우리는 자기들이 배운 영
     화 액션에 몰두하는 병사들을 보고 있는 것 같다.

*

362 네가 보고 있는 것에서 [스크린에서] 보일 것을 즉각적
     으로 보라. 네 카메라는, 네가 보는 것처럼 사물을 포착
     하지 않는다. (카메라는 네가 사물에 부여한 의미를 포
     착하지 않는다.)

*

363 네가 찾은 것이 네가 기대했던 것이 아니라는 사실은
     유익하다. 기대하지 않았던 것으로 놀라고 흥분해서.

*

364 영상과 소리의 콜로카치오네(collocazione[자리/배치]).

*

365 사물들이 바로 그 자리에 있고 싶어 한다는 인상을 줄
     것.

*

사진은 묘사적이다. 날것 그대로의 영상은 묘사에만   366
쓰인다.

*

모델. 그가 하지 않은 (그가 할 수도 있는) 이 모든 움직   367
임은 아름답다.

*

가장 일상적인 단어도 제자리에 놓이면 갑자기 광채를   368
내기 시작한다. 네 영상들은 바로 이 광채로 빛나야 한
다.

2부
또 다른 노트들
1960~1974

"놀라운, 놀라운, 놀라운 기계여!" 369
　　　　　　　　　　　　　　　　　　—헨리 퍼셀

"사람이 사람이라는 사실은 얼마나 놀라운가! 그렇지 370
않은가!"* 이 말은 모델 G 앞에서 카메라와 녹음기가 서
로에게 했음직한 말이다.

*

낚싯대 끝에 뭐가 걸릴지 모르는 낚시꾼처럼, 네가 무 371
엇을 포착할지 알지 못해야 한다. (아무 데서나 갑자기
튀어 오르는 물고기.)

*

관객이 이해하기에 앞서 느낄 준비가 되어 있는데도, 372
얼마나 많은 영화가 관객에게 모두 다 보여주고 모두
다 설명해버리는가!

*

〈도쿄 상공 30초〉(머빈 르로이, 1944)라는 오래된 영화 373

---

* 샤를 보들레르.

한 편이 생각난다. 이 탁월한 30초 동안 삶이 정지해 있었으며,* 이 시간 동안 아무 일도 일어나지 않았다. 사실상, 모든 일이 다 일어났다. 아무것도 재현하지 않는 영상으로 이루어지는 예술, 시네마토그라프.

*

374   어떤 트릭도 없이 성스럽게 남자인 G, 성스럽게 여자인 F(모델들). **트릭**이란 내보낸 것(드러낸 것)이 아니라 그들 안에 숨겨져 있는 것이다.

*

375   레오나르도 다빈치는 (『노트북』에서) 끝에 대해 잘 생각하라고, 다른 무엇보다 끝에 대해 생각하라고 충고한다. 영화의 끝은 [직사각형의] 표면일 뿐인 스크린이다. 네 영화를 스크린의 현실에 따르게 하라. 화가가 자신의 그림을 화폭 자체와 여기에 칠한 색채의 현실에 따르게 하는 것처럼. 조각가가 자신의 형상을 대리석이나 청동의 현실에 따르게 하는 것처럼.

---

* 미군 전투기가 제2차 세계대전 중 도쿄 상공을 선회하던 30초.

*

레오나르도 다빈치에 따르면, 대상의 열 가지 속성은   376
다음과 같다. 명(明)과 암(暗), 색채와 물질, 형태와 위치,
원(遠)과 근(近), 움직임과 부동성.

*

샹젤리제 거리를 지나치다 내가 마주친 행인들은 용수   377
철로 움직이는 대리석 형상 같다. 그러나 그들의 눈이
내 눈과 마주치자마자, 걸어다니고 응시하는 이 조각
상들은 사람이 된다.

*

<u>눈과 눈으로</u> 대결하는 두 사람. [눈과 눈으로] 서로를   378
유혹하는 고양이 두 마리…

*

사진의 거짓된 힘을 물리칠 것.   379

*

'예술 영화'라는 공허한 이념. 가장 예술이 없는 예술   380
영화.

*

381 내가 너무 단순하다고 거부한 것이 사실상 가장 중요하
며 깊게 파고들어야 하는 것이다. 단순한 것들에 대한
어리석은 불신.

*

382 기존의 예술로는 개척할 수 없는, 기존의 예술에 금지
된 영역에서 이루어낸 발전.

*

383 연극은 너무 알려졌고, 시네마토그라프는 지금까지 너
무 알려지지 않았다.

*

384 살과 뼈로 된 스타를 보고 싶고 가까이 가고 싶고 만지고
싶은, 억누를 수 없는 관객의 욕구. 촬영한(photographié)
연극은 이를 좌절시켰다. 자필 사인들(Autographes).

*

385 네 영화의 아름다움은(우편엽서 같은)영상 속이 아니라
영상이 끌어낸 형언할 수 없는 것에 놓여 있을 것이다.

*

한 편의 영화를 만들려면 많은 사람이 있어야 하지만, 386
[반드시 필요한] 한 사람은, 다른 사람들은 이해할 수
없는 최초의 느낌이나 인상—영상과 소리를 태어나게
한 최초의 느낌이나 인상—으로 매순간 되돌아가면서
자신의 영상과 소리를 만들고 부수고 다시 만드는 사람
이다.

*

스스로 철의 원칙들을 정련하는 이유는 이 원칙들에 어 387
렵게 복종하거나 어렵게 불복하기 위해서가 아닐까?

*

X가 보기에 영화는 특별한 산업이다. Y가 보기에 영화 388
는 커지고 확대된 연극이다. Z는 여기서 증식을 본다.

*

전화. 그 사람의 목소리를 들으면 그가 보인다. 389

*

경제성. (그의 아들 루이에게 한) 라신의 말: "굳이 네 이 390

105

름을 쓸 필요가 없을 정도로 네 글씨는 잘 알고 있다."

*

391 시네마토그라프의 미래는, 자기가 가진 모든 것을 여기
에 걸고 직업상의 물질적인 타성에 의존하지 않은 채 영
화를 찍는, 고독한 젊은이들이라는 새로운 인종에 달려
있다.

*

392 참된 것을 향한 네 열정에서 사람들은 단지 괴벽만을 볼
뿐이다.

*

393 나쁜 평판에 아랑곳하지 마라. 네가 감당할 수 없는 지
나치게 좋은 평판을 두려워하라.

*

394 교만한 귀족들의 표적이 되었던 위대한 옛 예술가들의
단순함과 겸손함을 무한히 찬양하라.

*

이 정교한 작업이 너에게 요구하는 것은 무엇인지, (전   395
문 배우든 비전문 배우든) 배우가 심지어 사막 한가운
데서도 배우로 남아 있을지 신중하게 생각해보라.

*

하늘이 내린 이 경이적인 기계들*은, 오로지 작위적인   396
것만을 되풀이하는 데 사용되면 채 오십 년도 못 돼서
당치 않은 것, 부조리한 것이 되어버릴 것이다.

*

관객은 자신이 무엇을 원하는지 알지 못한다. 관객에게   397
네 의지(volonté), 네 기쁨(volupté)을 부과하라.[9]

*

늘 같은 노래만을 반복하기 때문에 종달새가 그렇게 찬   398
양받는 것일까?

* 카메라와 녹음기.

*

399 새로움은 독창성도 현대성도 아니다.*

*

400 프루스트는 도스토옙스키가 특히 구성에서 독창적이
라고 말한다. 바다의 파도처럼 순류와 역류가 있으며
순전히 내적이면서 남다르게 복잡하고 밀도 있는 전체
는, 또한 (완전히 다르지만) 프루스트에게서도 볼 수 있
다. 이와 비슷한 것이 한 편의 영화에도 통할 것이다.

*

401 (1963년) 멍청한 회의들과 힘 빠지게 하는 방해에 종지
부를 찍기 위해 나는 갑작스럽게 로마를 떠났고 ‹창세
기›의 준비 작업을 결정적으로 포기했다. 그게 무엇인
지 모르기 때문에 자기 스스로는 할 수 없는 것을 당신
에게 요구하는 일은 얼마나 이상한가!

* 루소: "나는 다른 사람들처럼 하려고 하지도, 다르게 하려고 하지도 않을 것
이다."

108

*

손, 머리, 어깨 등으로 얼마나 많은 것을 표현할 수 있는 402
지!… 이때 불필요하고 걸리적거리는 얼마나 많은 말
이 사라지게 되는지! 놀라운 경제성!

*

스스로 깨어나는 영상들의 떨림. 403

*

언제 봐도 신선한 화가의 화폭처럼, 나는 내 영화가 시 404
선에 따라서 만들어지기를 꿈꾸었다.

*

감정은 기계적 규칙성의 속박으로부터, 메커니즘으로 405
부터 태어난다. 이것을 이해하려면 몇몇 위대한 피아
니스트에 대해 생각할 것.

*

디누 리파티처럼, 거장은 아니지만 위대한 피아니스트 406
는 음들을 동등하게 친다. 같은 지속 시간을 유지하면서
같은 강도로 2분 음표를 치고 4분 음표, 8분 음표, 16분

음표 등도 마찬가지로 친다. 그는 감정을 건반의 터치
와 접목시키지 않는다. 감정을 기다린다. 감정이 마침
내 생겨나서 그의 손가락들, 피아노, 그 자신 그리고 콘
서트홀 전체를 사로잡는다.

*

407 감정에 대한 저항으로 얻어낸 감정의 생산.

*

408 한 학생이 파이프오르간을 연주하던 자신을 찬양하자
요한 세바스찬 바흐는 이렇게 대답했다: "적절한 순간
에 음을 정확하게 치는 게 중요해."

*

409 두 가지 종류의 **참된 것**이 있다고 말할 수 있다: 참된 것
을 거짓으로 꾸미는 사람들이 보면, 무미건조하고 밋
밋하고 지루해 보이는 참된 것이 하나, 다른 하나는…

*

410 참된 것이 없을 때, 관객은 거짓된 것에 집착한다. 드레
이어의 영화[‹잔 다르크의 수난›(1928)]에서 여주인공

마리아 팔코네티가 눈을 들어 하늘을 볼 때, [관객의] 눈물을 끌어낸 표현주의적 방식.

*

촬영이 혐오스럽게 느껴지고, 수많은 장애물 앞에서 411
지치고 무기력해진 최근의 끔찍한 나날들도, 내 작업
방식의 일부를 이룬다.

*

매우 압축된 영화는 탁월한 것을 단번에 보여주지 않 412
을 것이다. 여기서 사람들은 우선 이전에 이미 봤던 것
과 닮은 것을 본다.(일 년에 한두 편의 영화만을 상영하
며, 설비가 잘 된 아주 작은 영화관이 파리에 있어야 할
것이다.)

*

정확한 목표 설정은 수많은 모색으로 이어진다. 드뷔 413
시의 말: "다른 화음이 아니라 바로 이 화음으로 결정하
기 위해 일주일을 보냈다."

*

414 기적을 거부하지 마라. 달과 해에게 명령하라. 천둥과
번개를 날뛰게 하라.

*

415 영화를 연극의 관점에서 평가하는 게으르고 시대에 뒤
떨어진 비평이, 관객에게뿐만이 아니라, 도대체 어떤
참화를 만들어냈는가!

*

416 [네 영화에] '연극'이나 '가면무도회'를 하는 사극 영화
는 없다. (나는 ‹잔 다르크의 재판›에서 '연극'도 '가면
무도회'도 없이, 사료에서 나온 단어들로 비역사적인
진실을 찾고자 했다.)

*

417 몸도, 얼굴도, 목소리도 자기 것이 아닌 것 같고, 이 모두
가 자기 것이라는 확신을 주지 않는 배우들에게 주는,
<u>오스카상.</u>

*

특별히 관객을 위해 일하는 것은 헛되고 어리석다. 만 418
드는 순간에 내가 하는 일은 단지 나에게만 시도할 수
있을 뿐이다. 남은 것은, 잘하는 것뿐이다.

*

내용에 대해서는 항상 정확하지 않을지라도, (네가 할 419
수 있는 한) 형식에 대해서는 정확할 것.

*

내가 (모델) F나 G에 대해 도무지 알 수 없는 것 때문에 420
이들이 내게 그토록 흥미로운 존재가 된다.

*

네가 네 머릿속에서 이미 했고 또 열 번씩 더 한 것보다 421
직관(直觀)이 네게 불어넣는 것을 더 선호하도록 하라.

*

독서에서 끌어낸 아이디어는 항상 책의 아이디어일 것 422
이다. 사람과 사물 들에게 직접 갈 것.

*

423 화가의 눈을 가져라. 화가는 응시하면서 창조한다.

*

424 화가의 눈에서 나온 권총 한 발은 실재를 해체시킨다. 그리고 나서 화가는 똑같은 눈으로 실재를 다시 조립하고 조직한다. 자신의 안목, 자신의 방법, 자신의 미적 이상에 따라서.

*

425 "모든 움직임은 우리를 드러낸다."(몽테뉴) 그러나 움직임이 우리를 드러내는 것은, 움직임이 (지시를 받거나 의도한 것이 아니라) 자동적일 때뿐이다.

*

426 자동성에 대하여. 다음의 말 또한 몽테뉴의 것이다: "우리는 머리카락에게 곤두서라고 하거나, 피부에게 욕망이나 두려움에 떨라고 지시하지 않는다. 손은 종종 우리가 보내지 않은 곳에 가 있다."

*

주제, 테크닉, 배우들의 연기는 자기만의 유행이 있다. 427
어떤 영화가 2~3년마다 되풀이하는, 일종의 원형이 여
기서 나온다.

*

걸작. ‹모나리자›나 ‹밀로의 비너스› 같은 회화나 조각 428
의 걸작들은 좋은 이유에서든 나쁜 이유에서든 찬양받
을 수많은 이유가 있다. **시네마**의 걸작은 대개 나쁜 이
유에서만 찬양받는다.

*

X는 유행을 따르기 위해 자기 영화에 거의 모든 것을 429
집어넣는다. 마치 너무 많은 색채로 작업하는 화가처
럼.

*

어떤 사람들이 **시네마**의 영향을 받아 연극을 바꾸기 위 430
해 노력하는 동안, 또 어떤 사람들은 영화를 찍으면서
오래된 습관들(규칙, 규범)에 빠져 꼼짝도 못하고 있다.

*

431 **오해.** 몇몇 오해에서 출발하지 않은 혹평이나 찬사는 (거의) 없다.

*

432 서로 접근시키거나 일치시켜서 독특한 의미가 생겨나게 해야 할 것이다.

*

433 연극적인 것은 어떤 것도 남아 있지 않고 피토레스크도 없는 이 영화에서 B는 단지 빈 것만을 본다.

*

434 내가 방금 자리를 바꾼 어떤 영상의 새로운 의미 앞에서 느끼는 매번 똑같은 기쁨, 매번 똑같은 경이.

*

435 우리가 운 좋게 해낸 것들, 이것들은 얼마나 큰 힘을 갖고 있는가!

*

첫눈에 "이거다 또는 이게 아니다." 추론은 (우리가 첫 436
눈으로 본 것을 승인하기 위해) 그다음에 온다.

*

예술에 대한 적대감은 또한 새로운 것, 뜻밖의 것에 대 437
한 적대감이다.

*

우선 행동할 것. 438
런던에서 어떤 갱단이 한 보석상의 금고를 깨트리고 진
주 목걸이, 반지, 금, 보석 들을 훔쳤다. 이들은 또한 이
금고에서 이웃집 보석상의 금고 열쇠를 발견했고, 그
금고도 털었다. 이 두번째 금고에는 세번째 보석상의
금고 열쇠가 들어 있었다. (신문보도)

*

사물을 습관에서 끌어낼 것, 사물을 마취에서 깨어나 439
게 할 것.

*

440 **벌거벗은 채로** 아름답지 않은 모든 것은 외설이다.

*

441 다음은 없어서는 안 될, 스스로를 향한 절대적 신뢰에 대한 세비녜 부인의 말이다: "내가 내 자신의 말만 들을 때, 나는 대단한 일을 해낸다."

*

442 모든 것들의 평등성. 똑같은 눈과 똑같은 영혼으로, 과일 그릇, 자기 아들, 생트빅투아르 산을 그린 세잔.

*

443 세잔의 말: "붓질을 할 때마다 나는 매번 내 인생을 건다."

*

444 네 영화를 백지, 침묵, 부동성 위에 세워라.

*

445 침묵은 음악에 필수적이지만, 음악의 일부는 아니다.

118

음악은 침묵에 근거를 두고 있다.

*

얼마나 많은 영화가 음악에 의해 수정되어버리는가! 446
사람들은 영화를 음악으로 가득 채운다. 이를 통해 이
런 영상들 속에 아무것도 없다는 점을 보지 못하게 한
다.

*

내가 음악을 제거하고, 침묵을 구성 요소이자 감정을 447
만드는 수단으로 사용한 것은 얼마 되지 않았고 그것도
차츰차츰 한 것이다. 부정직하다는 평가를 무릅쓰고
이를 말한다.

*

아무것도 바꾸지 않고 모든 것이 달라지기를. 448

*

유머에 대해 몽테스키외는 이렇게 말했다. "유머가 어려 449
운 이유는, 당신으로 하여금 사물에서 새로운 감정(그러
나 이 감정은 사물에서 온 것이다)을 발견하게 해야 하

기 때문이다."

*

450 네 모델의 눈물로 관객의 눈물을 끌어내려고 시도하
거나 바라지 마라. 이와 반대로, 정확히 자기 자리에 놓
인, 저 영상이 아니라 바로 이 영상, 저 소리가 아니라
바로 이 소리로 관객의 눈물을 끌어내려고 시도하거나
바라야 한다.

*

451 [관객이] 너 자신을 믿게 해라. 유배 중인 단테가 베로나
거리를 걷고 있을 때, "단테는 자기가 원하면 지옥에 갈
수 있고 거기서 지옥의 소식을 가지고 온다"고 사람들
이 귓속말을 했다.

*

452 나는 어디에서 출발하는가? 표현해야 할 대상에서? 느
낌에서? 나는 두 번 출발하는 것인가?

*

453 실재 앞에서 상상력의 매개 작업이란 도대체 무엇인

120

가?

*

정직해질 것. 실재 중에서 <u>참으로 바뀌지 않는</u> 모든 것 454
을 거부할 것.(거짓된 것의 끔찍한 현실.)

*

모델 H는 내게 숨기는데, 그가 숨기는 이유는 자기 모 455
습이 아닌 것으로 보이려 하거나 내게 그런 인상을 주
려는 것이 아니라, 겸손해서다.

*

직감이란 말을, 작업하는 데 쓰는 두 개의 숭고한 기계 456
와 어떻게 연결시키지 않을 수 있겠는가? 카메라와 녹
음기여, 모든 것을 다 설명해버리는 지성으로부터 아
주 멀리 떨어진 곳으로 나를 데려가다오.

미주(옮긴이주)

1   뤼미에르 형제는 영화를 발명하고 이 새로운 매체에 '시네마토
    그라프(cinématographe)'라는 이름을 붙였고, 브레송은 이 이름
    을 다시 불러낸다. 참고로 에디슨이 붙인 이름은 '키네토스코프
    (kinetoscope)'다. 본문에서 르 클레지오가 언급한 영화는 뤼미에
    르 형제의 45초짜리 영화 ‹아기의 식사›(Repas de bébé, 1895)다.
    어느 정원에서 부모가 아기에게 이유식을 먹이는 동안, 오른쪽
    후경에 보이는 나무는 바람에 계속 흔들린다. 사진 이미지에는
    이미 익숙했지만 움직이는 이미지는 처음 본 당시 관객들은 바
    로 이 나뭇잎들의 움직임에 강하게 반응했다고 알려져 있다.

2   이 책의 재판(1988)―초판은 1975년 발행―에 추가된 르 클레
    지오의 서문은, 브레송이 ‹창세기›를 찍으려고 고군분투한 상황
    을 언급하고 있다. 브레송은 1960년대부터 ‹창세기›를 영화로
    만들려고 애썼고, 심지어 ‹돈›(1983)을 찍은 이후에도 계속 시도
    했지만 이 기획은 끝내 실현되지 못했다. ‹돈›이 결국 브레송의
    마지막 영화로 남았다.

3   저자의 착오. 유성영화가 탄생한 해는 1927년이다. 최초의 유성
    영화는 앨런 크로스랜드 감독의 ‹재즈 가수›(The Jazz Singer, 미
    국, 1927, 98분)다.

4   원문에는 인용 출처가 나와 있지 않지만, 이 구절은 윌리엄 셰익

스피어의 「소네트 148」 3행과 4행이다.

5   '아빌'과 '아질'의 발음상의 유사성을 이용한 저자의 언어유희.

6   브레송 영화 특유의 발성법을 보여주는 문장. 브레송 영화에 나
오는 모델들은 관객이 알아들을 수 있게 정확하게 발음하지만,
"악마가 입으로 뛰어 들어오기 때문에" 입을 가급적 적게 벌리
고 대사를 한다.

7   파리에 있는 실물 크기 밀랍인형 박물관.

8   저자의 착오인 듯. ‹파리의 포위공격›(Le Siège de Paris)은 윌리앙
부그로의 회화가 아니라, 또 다른 관제화가 에르네스트 메소니
에의 회화이며, 현재 오르세 미술관에 소장되어 있다.

9   '볼롱테'와 '볼륍테'의 발음상의 유사성을 이용한 저자의 언어유
희.

옮긴이 해제

지워지지 않는 자취:
로베르 브레송이 찍은 것과 쓴 것

1. 감독들의 감독

로베르 브레송은 중요한 영화감독이다. 아마도 영화사상 가장 중요한 감독 중 한 명이라고 해도 과언이 아닐 것이다. ‹어느 시골 사제의 일기› ‹사형수 탈옥하다› ‹소매치기› ‹잔 다르크의 재판› ‹당나귀 발타자르› ‹무셰트› ‹호수의 랜슬롯› ‹돈› 같은 영화들의 한두 장면만 주의 깊게 지켜봐도 이를 어렵지 않게 느낄 수 있다. 이 모두가 아주 오래전에 필름으로 찍은 영화—그 상당수는 흑백영화—지만, 이 영화들은 시간이 지나도 ‘나이’를 먹지 않고 신선함과 강도를 잃지 않는다. 많은 영화가 사실상 개봉하자마자 즉시 늙어가기 시작한다는 사실을 고려하면, 이는 놀라운 일이다.

　　얼핏 보기에 그의 영화들은 대단치 않아 보이는 영상과 소리 들로 이루어져 있다. 여기에는 유명한 스타 배우도 나오지 않고, 강렬한 스펙터클이나 인상적인 연기도 없으며, 극적인 조명 효과도 없고, 화려한 카메라 움직임이나 인상적인 롱테이크도 없다. 따로따로 떼놓고 보면, 하나하나가 지극히 평범해 보이는 이미지들이다. 그런데 상영이 시작되고 이런 이미지들—영상과 영상, 영상과 소리, 소리와 소리—이 서로 결합되어 관객의 정신을 묵직하게 뒤흔드는 충격과 가슴 저리는 정서를 만들어내는 것을 보면, 경이적이라는 말을 할 수밖에 없다.

간략하게 브레송의 생애부터 언급해보자. 그는 아주 오래 살았지만, 영화가 개봉될 때마다 그때그때 했던 몇몇 인터뷰를 제외하면 거의 은자처럼 살았기 때문에 개인사 자체는 거의 알려져 있지 않다. 브레송의 출생 연도도 문헌에 따라 1901년부터 1907년, 1911년까지 아주 다양하다. 브레송 연구의 권위자인 필립 아르노는 출생 연도를 1901년으로 특정하는데,* 이에 따르면 브레송은 1901년부터 1999년까지 총 98년에 걸쳐 20세기를 거의 꽉 채워서 살았다. 신뢰할 수 있는 정보들 중심으로 그의 생애를 간략하게 재구성하면, 대략 다음의 그림을 그릴 수 있다. 브레송은 젊

---

* Philippe Arnaud, "Qu'est-ce que le cinématographe?", in *Robert Bresson: Éloge*, Milano: Mazzotta, 1997, p. 9.

었을 때 화가, 그리고 사진가로 활동하다가 1934년에 ‹공적인 업무›라는 첫 단편영화를 찍는다. 이후 시나리오 작가와 각색가로 활동하다가, 제2차 세계대전 때 1년가량 독일군 포로 생활을 한다. 그리고 마흔두 살 때인 1943년에 수용소에서 풀려나서 독일 점령기의 프랑스에서 첫 장편영화 ‹죄악의 천사들›(1943)을 찍고, 이후 40년에 걸쳐 총 13편의 영화를 찍는다. ‹불로뉴 숲속의 여인들›(1945), ‹어느 시골 사제의 일기›(1951), ‹사형수 탈옥하다›(1956), ‹소매치기›(1959), ‹잔 다르크의 재판›(1962), ‹당나귀 발타자르›(1966), ‹무셰트›(1967), ‹온화한 여인›(1969), ‹몽상가의 나흘 밤›(1971), ‹호수의 랜슬롯›(1974), ‹아마도 악마가›(1977), 그리고 ‹돈›(1983).

로베르 브레송의 영화들을 생각하면, 내게는 '분류할 수 없는(inclassable)'이라는 단어가 제일 먼저 떠오른다. 브레송의 영화 한 편을 잘 알려진 기존의 영화 장르에 넣으려고 해보라. 십중팔구 난관에 부딪치게 될 것이다. 예컨대 ‹소매치기›는 범죄영화인가? 아니면 액션영화? 누아르? 가슴 절절한 로맨스? 길 잃은 젊은이의 방황을 제시하는 정신적 드라마? 그것은 약간은 이 모두이면서 동시에 그 어느 것도 아니다. 그런데 이런 분류의 시도를 한 번이라도 해보면, 브레송의 영화들이 온갖 종류의 범주화에 강하게 저항한다는 사실을 실감할 수 있다. 이 '분류할 수 없다'는 말은 사실상 장르에 대해서뿐만 아니라 사조나 운동에 대해서도 적용된다. 누벨 바그가 있고, 여기에 분류될 수 있는 사람들이 있다. 시네마 베리테가 있고, 여기에 분류될 수 있는 사람들이 있다. 그런데 브레송은 항상 혼자다. 제주도의 풍경에 빗대서 말하면, 성산일출봉이나 산방산에 비할 수 있다. 이 두 거대한 오름이 각기 혼자서 제주도의 정동쪽 풍경과 남서쪽 풍경의 흔들리지 않는 지표가 되는 것처럼, 브레송의 주변에는 아무것도 없고, 그냥 혼자서 높고 장대한 풍경을 이룬다고 말할 수밖에 없다.

로베르 브레송의 영화들이 어떤 경지를 이루어냈는지는, 다른 누구보다 직접 영화를 찍는 여러 감독의 증언으로 확인할 수 있다. 로베르 브레송을 영화사상 최고의 감독으로 평가하는 감독들의 목록은 길다. 간략하게만 제시해도 대략 다음의 목록을 얻을 수 있다. 장…뤽 고다르, 루이 말, 베르나르도 베르톨루치, 알렉산드르 소쿠로프, 폴 슈레이더, 마틴 스코세이지, 장…마리 스트로브, 샹탈 아케르만, 테오 앙겔로풀로스, 차이밍량, 아키 카우리스마키, 베르너 라이너 파스빈더, 모리스 피알라, 안드레이 타르콥스키, 미하엘 하네케, 홍상수(이상 가나다순). 이 감독들의 목록은 세대 간의 격차 같은 시간적인 한계나 지리적인 경계를 모두 넘어서 있다는 점에서도 주목할 만하지만, 특히 여기서 언급된 감독들 스스로가 이미 영화사에 남은, 혹은 앞으로 영화사에 남을 영화들을 찍은 창조자들이며, 나아가 이들 각자의 영화적 개성이 확연하게 다르다는 점에서 의미가 있다.

로베르 브레송에 대한 평가 중에서 다음 고다르의 말이 특히 유명하다. "도스토옙스키가 러시아 소설이고 모차르트가 독일 음악이라면, 브레송은 프랑스 영화다."[*] 단순해 보이는 이 문장에는 사실상 몇 가지 함의가 동시에 들어 있다. 이 문장은 먼저 브레송이 모차르트나 도스토옙스키처럼 서양에서 최고의 반열에 오른 예술가라는 뜻이다. 다른 한편, 문학이 러시아 예술 전체를 대표하고, 음악이 독일 예술 전체를 대표한다면, 영화가 프랑스 예술 전체를 대표한다는 의미 또한 들어 있다. 그런데 모차르트가 곧 독일 음악이라는 말은 오류다. 모차르트는 잘츠부르크 태생의 오스트리아 작곡가이기 때문이다. 이것이 단순 오류인지 아닌지는 알 수 없지만, 고다르가 굳이 도스토옙스키와 모차르트를 언급한 것은 이들이 브레송이 개인적으로 높이 평가하는 예술가였기 때문이다. 이 두 예술가의 흔적은 브레송

---

* Jean-Luc Godard, "Dictionnaire des cinéastes français", *Cahiers du cinéma* n° 71, mai 1957; *Jean-Luc Godard par Jean-Luc Godard*, Éditions Pierre Belfond, 1968, p. 66에 재수록.

의 영화들에 지속적으로 나타난다.

일찍이 세르주 다네가 지적한 대로, 로베르 브레송은 '모든' 감독에게 영향을 미치는 감독 중 한 명이다. 그는 한 인터뷰에서 이렇게 말한다. "영화 형식을 바꾼 감독들이 엄청난 상업적 성공을 하는 경우는 거의 없지요. 그러나 그들은 다른 모든 감독에게 영향을 미칩니다. 세르게이 에이젠슈테인, 오슨 웰스, 로베르토 로셀리니, 로베르 브레송, 장…뤽 고다르가 그렇습니다. 그런데 '보통의' 영화는 배우에 기반을 두고 있고 어떤 매체를 사용하든 이런저런 배우의 이런저런 몸을 보러 가는 사람들은 항상 많을 것입니다."[†] 요컨대 다네가 지적한 것은 에이젠슈테인, 웰스, 로셀리니, 브레송, 고다르와 같은 감독들이 근본적으로 영화 형식을 바꾸고 영화 언어—영화가 말하는 법—를 독자적으로 개척해냈기 때문에 영화사에 확고한 자리를 차지하고 있으며 동시대나 그 이후의 '모든' 감독들에게 지속적으로 영향을 미친다는 점이다.

브레송에 대한 평가 중에서 특히 흥미 있는 것은 또 다른 중요한 영화감독 안드레이 타르콥스키의 평가다. 이러

---

† Serge Daney, "Passion de l'image: Des *Cahiers du cinéma* à *Libération*", *Esprit*, novembre 1983; *La Maison cinéma et le monde 2. Les Années* "Libé" *1981~1985*, P.O.L., 2002, p. 13 에 재수록.

시아 감독은 평생에 걸쳐 일기를 썼고, 사망 직전까지 쓰여진 그의 일기에는 자신의 일상사뿐만 아니라 앞으로 찍을 작품들의 구상, 그날그날 인상 깊게 읽은 책에 대한 인용과 메모, 자신이 본 영화와 그 감독에 대한 평가 등이 자유롭게 적혀 있다. 그런데 로베르 브레송은 이 일기 전체를 관통하는 이름 중 하나다. 타르콥스키의 일기를 전체적으로 검토해보면, 어떤 중요한 영화감독들—장 르누아르, 장 비고, 세르게이 에이젠슈테인, 존 카사베츠, 장 콕토, 피에르 파올로 파솔리니 등—은 단발적으로 나타났다 사라진다는 점을 확인할 수 있다. 그러나 브레송은 지속적으로 나타난다. 또한 다른 중요한 영화감독들—알렉산드르 도브첸코, 로베르토 로셀리니, 크리스 마커, 루이스 부뉴엘, 잉마르 베리만, 알렉산드르 소쿠로프, 구로사와 아키라, 미켈란젤로 안토니오니, 세르게이 파라자노프, 페데리코 펠리니 등—에 대해 그가 내리는 평가는 때에 따라 달라진다는 점을 확인할 수 있다. 그러나 로베르 브레송에 대한 평가는 변하지 않는다.

　　다음 세 개의 일기를 살펴보자. 먼저, 1974년 1월 3일자 일기에는 어떤 설문지에 대한 타르콥스키의 답변이 실려 있다. 설문지의 1번 항목은 좋아하는 경치를 묻는 것인데, 그는 여기에 "새벽, 여름, 안개"라고 답한다. 좋아하는 음악 작품으로는 (이후 ⟨희생⟩의 마지막 장면에 쓰이게 될) "바흐의 ‹마태수난곡›"을 꼽는다. 이 설문지의 열번째 항목은 좋아하는 러시아 감독에 대한 질문인데, 그는 "아무도 없다"고 답한다. 열한번째 항목은 좋아하는 외국 감독에 대한 질문이다. 그는 여기에 로베르 브레송의 이름을 적는다.* 다음으로, 1980년 6월 6일자 일기에 그는 이렇게 쓴다. "저녁에 텔레비전에서 장 콕토의 ‹오르페우스의 유언›(1960)을 보았다. 당신들, 그렇게나 위대했던 인물들은 지금 어디에 있는가? 로셀리니, 콕토, 르누아르, 비고는 어디에 있는가? 마음이 가난한 사람들은 어디에 있는가? 시(詩)는 어디로 가버렸는가? 돈, 돈, 항상 돈, 그리고 공포… 펠리니는 두려워한다, 안토니오니도 두려워한다… 오직 브레송만 아무것도 두려워하지 않는다."† 마지막으로, 타르콥스키가 사망한 해인 1986년 2월 19일자 일기에는 로베르 브레송의 영화 전반에 대한 평가가 비교적 자세히 나온다. 여기서 그는 ‹당나귀 발타자르› ‹무셰트› ‹어느 시골 사제의 일기› ‹잔 다르크의 재판› 등의 영화가 서로 우열을 가릴 수 없을 정도로 탁월하지만, 아마도 ‹시골 사제의 일기›가 가장 강력한 영화일 것이라고 쓴다. 이날의 일기는 다음의 문장으로 끝난다. "교양 없는

---

* Andreï Tarkovski, *Journal 1970~1986*, édition définitive, traduit par Anne Kichilov, Charles H. de Bruntes, Cahiers du cinéma, 2004, p. 101.
† 같은 책, p. 273.

사람은 절대로 좋은 영화를 찍을 수 없다. 절대로."[*]

브레송에 대한 타르콥스키의 평가가 흥미로운 것은, 무엇보다 이 두 감독의 영화 양식이 확연하게 다르기 때문이다. 그 차이는 시나리오를 쓰는 방식(창작이든 각색이든 혼자서 작업하는 독자적 시나리오 vs. 협업 중심의 시나리오), 배우를 사용하는 방식(모델 vs. 전문 배우), 화면을 구성하는 방식(파편화된 정지화면 vs. 부드럽고 유연하게 움직이는 카메라), 숏의 시간적 길이를 처리하는 방식(짧은 몽타주 양식 vs. 롱테이크 양식) 등등 거의 모든 점에서 나타난다. 자신과 비슷해서가 아니라 다르기 때문에, 또는 다름에도 불구하고 생겨나는 존경심은 진심에서 우러나오는 법이다.

2. 브레송의 노트

로베르 브레송은 평생에 걸쳐 단 한 권의 책을 남겼다. 그것이 이 책 『시네마토그라프에 대한 노트』다. 이 작은 책에는 브레송이 오랜 시간에 걸쳐 벼리고 정련한 성찰들이 들어 있다. 그 대부분은 영화에 대한 것이지만, 예술 일반이나 삶에 대한 것도 있다. 주지하다시피 이 책은 노트 하나하나를

[*] 같은 책, p. 540.

전체적인 체계로 묶거나 아니면 체계를 부여할 생각 자체가 아예 없고, 얼핏 보기에는 즉각적으로 떠오른 것 같은 생각들을 기록한 파편적인 글이다. 그러나 여기에 아무렇게나 쓴 말, 공수표 같은 말, 충동적이거나 과시적인 말은 없다. 이 말들 하나하나는 모두 영화 제작이라는 복잡다단한 실천과 긴밀한 관련을 맺고 있으며, 스스로 자신의 작업에 어떤 원칙을 정립할 것인가에 대한 집요한 모색과 고민, 시행착오 뒤의 깨달음을 담고 있다. 이 책에는 노트(note)라는 제목이 붙어 있지만, 그것은 이 단어의 가장 기본적인 의미, 즉 '손으로 써놓은 것'을 뜻할 뿐, 단상(斷想)과 같이 가볍고 느슨한 글을 뜻하는 것이 아니다. 이 말들에는, 육중한 바위처럼 지난한 실천과 현실의 무게가 들어 있기 때문이다.

브레송의 글은 무엇보다 '예술가의 노트'로 규정할 수 있다. 실제로 많은 예술가가 자신의 작업과 자신이 몸담고 있는 분야에 대한 성찰을 글로 남겼고, 서구에는 이에 대한 오랜 전통이 있다. 회화와 관련해서 두 가지 예만 언급하면, 외젠 들라크루아와 판 고흐의 경우를 들 수 있다. 유독 한국에는 소개되어 있지 않지만, 외젠 들라크루아는 일기의 형태로 회화에 대한 예리한 성찰을 담은 상당한 분량의 글*을 남겼고, 이 글은 회화예술에 대한 가장 심층적인 성찰 중 하나다. 고흐의 예는 한국에도 잘 알려져 있다. 그는 주로 동생

테오에게 보내는 편지의 형태로 자신의 일상사뿐만 아니라 작품에 대한 구상, 다른 회화에 대한 평가 등 자신의 작업에 대한 온갖 성찰을 글로 남겼다.[†]

그런데 브레송에게 전범의 역할을 했을 예술가의 노트는 아마도 레오나르도 다빈치가 남긴 노트다. 브레송 자신의 글에도 두 번에 걸쳐 다빈치의 책이 인용되지만(375, 376), 다빈치는 자연에 대한 치밀한 관찰에 기반을 두고 자신이 성찰하고 추론한 것을 방대한 양의 글로 남겼다. 이 책에는 원근법, 그림자 표현, 옷주름이나 색채 표현 등과 같이 회화 자체에 대한 성찰뿐만 아니라 인체해부학, 식물학, 지리학, 기상학, 천문학, 건축, 도시계획 등을 포괄하는 백과사전적인 지식이 들어 있으며, 이 노트를 보면 다빈치가 왜 전인적인 지식인이자 르네상스적 인간으로 불리는지 어렵지 않게 알 수 있다. 물론 다빈치의 성찰은 자신의 예술인 회화에 초점을 맞춘다. 예컨대 그는 이렇게 쓴다. "화가의 정신은 거울과 같아야 한다. 거울은 항상 자기가 보는 것의 색채를 받아들이고, 자기 앞에 놓인 수많은 이미지로 자신을 가득 채운다. 화가여, 탁월한 화가가 되려면, 너는 자연이

---

* Eugène Delacroix, *Journal: 1822~1863*, Plon, 1996.

† Vincent Van Gogh, *Les Lettres : édition critique complète illustrée*, Arles: Actes Sud, 2009.

만들어낸 형태들의 모든 측면을 재현하는 보편적인 태도를 가져야 한다. 이 모든 측면을 보지 못하고 이를 네 정신에 새겨두지 못하면, 너는 이런 재현을 할 수 없을 것이다."[‡] 다음의 문장은 아마도 다빈치의 회화론을 압축하는 문장이다. "화가는 자연을 자세히 검토하고, 자연과 경쟁한다."[§]

앞의 인용문에도 나오듯이, 다빈치는 화가를 지칭하면서 특별히 '너'라는 이인칭―친밀한 이인칭―의 호칭을 사용한다. 이것은 다빈치의 노트가 무엇보다 후세의 다른 화가들에게 자신이 깨달은 지식과 성찰을 전수할 목적으로 쓰여졌음을 뜻한다. 예를 들면 '전투를 표현하는 방법'이란 소제목이 붙은 항목은 다음과 같이 시작한다. "너는 우선, 말과 기병의 움직임으로 생긴 흙먼지와 공기 중에 뒤섞인 포연(砲煙)을 그려야 할 것이다."[¶] 이 문장의 주어로 나오는 '너'는 다른 화가들을 가리킨다. 그리고 이 문장의 내용은 전투의 격렬함을 흙먼지와 포연 같은 시각적 매개를 통

---

‡ Léonard de Vinci, *Traité de la peinture*, textes traduits et commentés par André Chastel, Calmann-lévy, 2003, p. 76. 이 인용문은 앙드레 샤스텔이 이탈리아어에서 프랑스어로 번역한 판본에서 직접 옮긴 것이다. 한국어판은 다음의 책을 참조할 수 있다. 레오나르도 다빈치, 『레오나르도 다빈치의 노트북』, 안나 서 엮음, 조윤숙 옮김, 이룸출판사, 2007, 11쪽.

§ 같은 책, p. 74.

¶ 같은 책, p. 76; 한국어판, 22쪽.

해 표현해야 한다는 뜻이다. 즉 흙먼지와 뒤섞인 포연이 얼마나 짙은지, 그것이 얼마나 높이 솟아오르는지를 통해 전투의 격렬함을 적절하게 표현할 수 있다는 것이다. 다빈치 자신이 그린 미완성 회화 ‹동방박사의 경배›의 후경을 이루는, 오른쪽 상단 부분에서 여기서 언급한 격렬한 전투의 재현을 찾아볼 수 있다. 이 그림에서 후경의 끔찍하고 격렬한 전투는 전경에 재현된 평화로운 경배 장면—아기 예수, 성모 마리아, 무릎을 꿇은 세 명의 동방박사—과 선명하게 대비된다. 어쨌거나 다빈치는 회화에 대한 성찰을 전개하면서 이 예술을 끊임없이 시, 음악, 조각 등 다른 예술과 비교하며 회화 고유의 표현 수단을 규정하고자 한다. 이렇게 자신의 표현 수단에 대한 자의식과 자긍심은 그의 성찰의 중요한 부분을 이룬다. 예컨대 그는 이렇게 쓴다. "회화는 말 못 하는 시(詩)이고, 시는 앞을 못 보는 회화다."*

　로베르 브레송의 책은 레오나르도 다빈치의 전통을 계승한다. 이 두 예술가가 남긴 예술가의 노트를 비교해보면, 크게 두 가지 공통분모를 찾을 수 있다. 먼저, 이런 글쓰기는 치밀한 관찰과 지난한 실천의 무게를 담고 있다. 따라서 여기서는 말과 행동—언(言)과 행(行)—이 느슨하게 벌어지지

* 같은 책, p. 60.

않고 상당히 단단하게 조여진다. 이 두 예술가의 노트에는 빈말, 하나 마나 한 말, 중언부언, 자기 과시, 자화자찬, 실없는 말, 허황된 단어, 과장된 수사 등은 없다. 이런 말들은 무엇보다 실천에 아무 도움이 되지 않기 때문이다. 이와 반대로, 말은 온갖 종류의 모색과 시도, 시행착오로 점철된 경험을 충실하게 담아내고, 미래의 경험을 추동하며, 행동의 원칙이 된다. 따라서 이런 글쓰기에서는 말과 행동이 점근선처럼 서로 가까워져서 행동이 곧 말이고, 말이 곧 행동이 되는 경지를 향해 나아간다고 할 수 있다.

다음으로, 자신의 예술에 대한 자의식과 성찰에 집중한다는 점에서 다빈치의 책과 브레송의 책은 같은 지향점을 갖는다. 회화는 일찍이 플라톤이 '모방의 모방'으로 규정한 이후 서구에서 오랫동안 평가절하된 예술이었다. 다빈치는 여기에 맞서 회화를 예술로 승격시키고자 하며, 이런 점에서 회화를, 서구에서 이미 오래전에 최고의 예술로 인정받은 시—서사시와 비극—나 음악과 의식적으로 비교하고, 회화만의 장점을 부각시킨다. 이와 마찬가지로, 브레송의 글은 영화 고유의 길은 무엇인지, 영화가 어떻게 독자적인 예술이 될 수 있는지를 집요하게 탐색한다. 브레송이 무엇보다 반대하는 것은 연극적인 방법이다. 오늘날까지도 많은 사람에게 '영화를 찍는다'는 말은, 시나리오 작가나 감독이 시나리오를 쓰고, 배우를 고용해서 배우가 시나리오에 따라 연기를 하며, 감독은 연기 지도를 하고, 카메라는 연기하는 배우를 기록하며, 편집 단계에서 이렇게 찍은 숏들을 이야기가 자연스럽게 전개되도록 연결하는 등의 행위를 뜻한다. 브레송은 이런 영화를 '시네마(cinéma)'라고 규정하고 이와는 완전히 다른 길을 가고자 한다. 그가 보기에 이런 방식의 영화 제작은 영화 고유의 길이 아니라 단지 연극 공연을 카메라로 찍은 것, 다시 말해서 '촬영한 연극(théâtre photographié)'에 지나지 않기 때문이다.

반면에, 그가 스스로 '시네마토그라프(cinématographe)'라고 명명한 새로운 영화는 대략 다음의 특징을 갖는다. 즉 연기하지 않는, 나아가 연기 자체가 없는 영화, 기계적인 복제와 재현을 거부하는 영화, 기계—인간의 눈과 다르게 보는 카메라, 인간의 귀와 다르게 듣는 녹음기—의 능력을 제대로 사용하는 영화, 파편화된 방식으로 실재를 분절하고 이렇게 찍은 숏들을 몽타주를 통해 완전히 새로운 방식으로 제시하는 영화다. 브레송은 이렇게 쓴다. "두 종류의 영화가 있다. 연극의 수단들(배우, 연출 등)을 사용하며, 복제의 목적으로 카메라를 사용하는 영화[시네마]가 그 하나다. 시네마토그라프의 수단들을 사용하며, 창조의 목적으로 카메라를 사용하는 영화[시네마토그라프]가 다른 하나다."(11) 그리고 브레송은 이 새로운 영화 시네마토그라프의 길을 자신의 영화를 통해 모색하고, 이에 대한 성찰을 글로 남긴다.

그러나 다빈치와 브레송의 책에서 크게 두 가지 차이점 또한 두드러진다고 할 수 있다. 먼저, 브레송의 책에도 다빈치의 책에서처럼 친밀한 이인칭의 인칭대명사―너―가 쓰인다. 그런데 다빈치의 '너'가 주로 다른 화가들, 특히 후세의 화가들을 가리키는 것과 달리, 브레송의 '너'는 브레송 자신을 가리킨다. 브레송은 자신을 타자화해서 '너'라고 지칭하고, 스스로 다짐하는 것처럼 자신에게 말한다. '너는 이렇게 해라' '네 영화는 이래야 한다' '네 영화에 무엇 무엇은 있어서는 안 된다' 등등. 브레송의 노트에는 '너'와 더불어 '나'라는 말도 쓰이지만, 이는 모두 동일한 한 사람, 즉 브레송 자신을 가리킨다. 따라서 브레송의 글은 다른 감독들에 대한 조언이나 명령, 또는 다중을 대상으로 한 강의가 아니다. 그는 다른 사람을 가르치거나 다른 사람에게 강요하지 않고, 자기 자신을 가르치고 자신에게 강요한다. 이런 의미에서 브레송의 글은 자신에게 건네는 독백이고 다짐이다. 그리고 그 글이 출판되었다는 점에서 '공개된' 독백이고 다짐이다. 여기서 출판은 자신의 원칙을 공개하며, 출판할 만한 성찰을 만들어내고, 스스로에게 엄정한 기준을 도입하기 위한 방법 중 하나라고 할 수 있다.

 브레송에게 말은 주로 자신의 원칙들을 정립하는 데 쓰인다. 이 원칙들은 물론 브레송이 영화를 찍는 방법에 대해 많은 것을 시사해주지만, 그것이 브레송의 영화에 문자 그대로 적용되는 것은 아니다. 이 책에서 그는 이렇게 쓴다. "스스로 철의 원칙들을 정련하는 이유는 이 원칙들에 어렵게 복종하거나 어렵게 불복하기 위해서가 아닐까?"(387) 즉 확고한 원칙들을 세우는 이유는, 이를 영화 제작에 기계적으로 적용하기 위해서가 아니라 여기에 '어렵게' 복종하거나 '어렵게' 불복하기 위해서다. 여기서 '어렵게'라는 단어를 쓰는 이유는 스스로 원칙들을 정립하고 글로 남긴다고 해서 고민이 끝난 것이 아니기 때문이다. 영화 제작 현장이나 편집 과정 중에 이를 다시 반문한 후 결국 원칙에 따르는 게 맞다―"어렵게 복종"―는 판단을 내리거나, 아니면 원칙은 다르지만 여기서는 이렇게 하는 게 맞다―"어렵게 불복"―는 판단을 내릴 수 있기 때문이다. '어렵게'라는 말은 이 모두가 지극히 신중하게 이루어져야 한다는 뜻이다. 어쨌거나 원칙을 정립하는 일은 필수적이다. 이는 특히 영화 제작의 상황 때문인데, 주지하다시피 그것은 진공 상태에서 이루어지지 않는다. 항상 크고 작은 자본이 개입하며, 때로는 엄청나게 많은 사람이 참여하고, 촬영장의 조건이나 날씨 하나하나 등과 같은 온갖 종류의 우연이 다 문제가 된다. 따라서 브레송이 스스로 원칙을 정립하는 이유는, 복잡다단한 영화 제작의 상황과 모든 우연적인 변수에 맞서 스스로 길을 잃지 않고 상황에 맞는 길을 찾기 위해서다. 유연하지만, 항상 꿋꿋하게. 꿋꿋하지만, 또 항상 유연하게.

다빈치의 글과 비교해서 브레송의 글에서 두드러지는 또 하나의 특성은, 흔히들 문체라고 부르는 것에서 찾을 수 있다. 다빈치의 글과 달리, 브레송의 글은 관찰에 대한 묘사와 설명, 그리고 추론에 대한 상세한 논증 등을 담고 있지 않다. 다빈치의 글이 백과사전적인 폭과 깊이를 제공하는 것과 달리, 브레송의 글은 문장에서 설명과 논증, 장식과 군더더기를 모두 제거하고 핵심적인 생각을 응축시킨 것이다. 따라서 글의 분량도 현저하게 다를 수밖에 없다. 이렇게 성찰의 핵심을 담고 있는 가장 간결한 표현(laconisme)이 브레송의 글쓰기 방식이다. 그의 글은 내용을 외교적으로 완화시키거나, 부드럽게 또는 아름답게 꾸미려고 하지 않는다. 이런 의미에서 브레송의 문체는 그의 영화와 닮았다. 수전 손택은 브레송의 영화에 대해 이렇게 쓴다. "없어서는 안 될 것이 아닌 모든 것, 일화나 장식에 지나지 않는 모든 것을 내버려야 한다. […] 브레송에게 예술은 꼭 있어야 하는 것을 발견하려는 노력이다."* 마치 그의 영화가 그런 것처럼, 이 책은 수다스런 장식이나 불필요한 수사를 모두 없애고 핵심적이고 본질적인 성찰만 남겨둔 것이다. 남에게 건네는 말이 아니라 자신에게 건네는 말이라서 더 그랬을 것이다. 요컨대, 혼자서 오랫동안 정련한 생각을 가장 간결하게, 가장 명확한 언어로 표현한 것이 브레송의 글이다. 말에서 무엇보다 먼저 강도(强度)가 느껴지는 것은 이 때문이다. 여문밤톨같이 단단한 말.

3.『노트』의 역사성, 모델, 영화적 표현 방식

브레송이 이 책에서 직접 쓴 말들을 옮긴이가 구구절절 해설하는 것은, 아무래도 독자의 즐거움을 빼앗는 일일 것 같다. 따라서 이 일은 가급적 온전하게 독자의 몫으로 남겨두기로 한다. 독자의 이해를 돕기 위한 작업은, 브레송의 글에 대한 해설보다는 '주제별 분류 목록'을 만드는 것으로 한정했다. 이 번역본의 마지막에 나오는 '주제별 분류 목록'은 프랑스어판이나 영어판에는 없는 것으로서, 일종의 주제 색인이며 각 문단의 핵심 내용을 살펴볼 수 있도록 옮긴이가

---

* Susan Sontag, "Spiritual style in the film of Robert Bresson", *Against Interpretation and Other Essays*, Anchor Book, 1990(1966), p. 194; 수전 손택, 「로베르 브레송 영화의 영적 스타일」,『해석에 반대한다』, 이민아 옮김, 도서출판 이후, 2002, 292쪽.

직접 만든 것이다. 다만, 브레송의 성찰이 어떤 맥락을 통해 형성되었는지, 그가 정확히 어떤 문제의식을 가졌는지 등에 대한 전반적인 소개는 필요할 것 같다. 따라서 여기서는 우선『시네마토그라프에 대한 노트』가 쓰여진 맥락을 제시하고, 나아가 브레송의 주요 문제의식을 크게 '모델'과 '영화적 표현 방식'에 대한 성찰로 나누어 개괄하기로 한다.

먼저, 로베르 브레송의 책이 초역사적인 산물이 아니라 일정한 역사성을 지니고 있다는 점을 상기할 필요가 있다. 다시 말해서 이 노트들은 그가 다양한 모색과 시행착오를 통해 자기만의 영화 양식을 만들어가는 과정과 긴밀한 관련을 맺고 있다. 브레송의 책은 크게 1부와 2부로 나뉘고, 여기에 각각 1950~1958, 1960~1974라는 연도 표시가 붙어 있다. 분량상으로 보면, 총 456개의 문단 중에서 368개의 문단이 1부, 88개의 문단이 2부를 이룬다. 즉, 1부가 전체 분량의 4/5, 2부가 1/5 정도를 차지한다. 이를 통해 알 수 있듯이 브레송의 성찰은 1950~1958년 사이에 집중적으로 행해졌고, 이 시기에 브레송은 세 편의 영화—〈어느 시골 사제의 일기〉(1951), 〈사형수 탈옥하다〉(1956), 〈소매치기〉(1959)—를 찍었다.

여기서 확인할 수 있는 것은,『시네마토그라프에 대한 노트』에 제시된 성찰이 이 노트들이 쓰여지기 전에 찍은 두 편의 영화—⟨죄악의 천사들⟩(1943), ⟨불로뉴 숲속의 여인들⟩(1945)—에 대한 냉철한 자기 반성에 기반을 두고 있다는 점이다. 여기서 이 책의 맨 처음 나오는 문단의 의미를 파악할 수 있다. "내 안에 축적된 오류와 거짓에서 벗어날 것. 내가 사용할 수 있는 수단들을 인지하고, 이들을 확보할 것."(1) 즉, 그는 장편영화 두 편을 제작하면서 의식적이든 무의식적이든 자기 안에 '오류'와 '거짓'이 축적되어 있다는 점을 인정한다. ⟨죄악의 천사들⟩은 프랑스에서 상당한 상업적 성공을 거두었고 두 영화 모두 비평적으로 나쁘지 않은 평가를 받았음에도 불구하고,* 그는 이와는 완전히 다른 길을 가고자 한다. 그리고 새로운 영화를 만들 수 있는 자신만의 영화적 수단이 무엇인지를 치밀하게 점검하고자 한다.

이후 브레송의 다른 영화들과 비교해보면, ⟨죄악의 천사들⟩과 ⟨불로뉴 숲속의 여인들⟩이 상당히 전통적인 방식으로 만들어졌다는 점을 확인할 수 있다. 미셸 에스테브는 브레송의 영화 전체를 크게 네 개의 시기로 구분하고, 이 두 영화가 그 첫번째 시기를 이룬다고 지적한다. 그가 보기에 이

---

* ⟨죄악의 천사들⟩은 롤랑 바르트와 사샤 기트리가 각각 호의적인 비평을 썼고, <불로뉴 숲속의 여인들>은 비평가이자 영화감독이기도 한 알렉상드르 아스트뤽과 자크 베케르가 극찬했다. 이들의 비평은 다음의 책에서 찾아볼 수 있다. *Robert Bresson: Éloge*, Milano: Mazzotta, 1997, pp. 13-21.

영화들은 "간결함의 결여라는 결함을 가진, 약간 인위적이고 때로는 지나치게 '공들인' 조명, 너무 문학적인 인장을 간직하고 있는 대사들, 전문 배우의 현존"이라는 특징을 갖고 있다.[†] 여기서 문학적인 인장이라는 표현이 사용된 이유는, 유명 문인들이 이들 영화의 대사를 썼기 때문이다. ‹죄악의 천사들›의 대사는 장 지로두가, ‹불로뉴 숲속의 여인들›의 대사는 장 콕토가 쓴 것이다. 그리고 브레송 특유의 모델은 이들 영화에 전혀 나오지 않고 전문 배우들이 등장한다. 모델에 대해서는 뒷부분에서 다시 다루기로 하자.

반면에, 브레송 특유의 방법이 시작된 영화는 ‹어느 시골 사제의 일기›다. 미셸 에스테브는 이 영화를 두번째 시기로 상정하고, 이 영화가 브레송 고유의 영화 양식으로 이행하는 과도기적 성격을 지닌다고 지적한다.[‡] 여기에는 전문 배우와 모델이 뒤섞여 나오는데, 클로드 레이뒤(주인공 사제 역)와 아르망 기베르(토르시 사제 역)가 연기를 한 번도 해본 적이 없는 전형적인 모델임에 반해, 마리...모니크 아르켈(백작 부인 역)과 앙투안 발페트레(의사 델방드 역)는 전형적인 전문 배우다. 앞서 지적한 것처럼, 브레송의 노트들

[†] Michel Estève, *Robert Bresson*, Seghers, 1974, p. 10.
[‡] 같은 책, p. 14.

은 ‹어느 시골 사제의 일기› ‹사형수 탈옥하다›[*] ‹소매치기›를 연출하던 시기에 집중적으로 쓰여졌다. 따라서 브레송의 글이 가리키는 것을 그의 실제 영화에서 찾으려면, 그 이전의 영화들이 아니라 ‹어느 시골 사제의 일기› 이후에 나온 영화들에 주목해야 한다.

브레송의 주요 문제의식과 관련해서 크게 두 가지 논의를 할 수 있다. 배우와 구별되는 '모델'에 대한 논의가 그 하나고, '가장 영화적인 표현이 어떻게 가능할까'에 대한 논의가 다른 하나다. 먼저, 이 책에 가장 많이 나오는 것은 모델에 대한 성찰이다. 브레송이 배우가 아니라 모델을 내세우는 것은 연기(演技)에 대한 거부 때문이다. 한마디로 배우는 연기하지만, 모델은 연기하지 않는다. 사실상 우리의 일상생활에서도 진솔한 모습이 아닌 연기, 본심과 다르게 꾸미는 일은 위선적이거나 가식적인 것으로 통하는 경우가 많다. 좀 다른 맥락이지만, 안드레이 타르콥스키의 마지막 영화 ‹희

---

[*] 필립 아르노는 ‹사형수 탈옥하다›에서 브레송 특유의 양식이 전면화되었다고 평가한다. 그는 이렇게 쓴다. "정확히 ‹사형수 탈옥하다›는 공간의 파편화, 비…배우[모델], 기계화된 연기와 발성 등과 같이 그의 영화들의 특징이 된 요소들이 체계적으로 사용된 브레송의 첫번째 영화다." Philip Arnaud, *Robert Bresson*, Paris: Cahiers du cinéma, 2003(1986), p. 23.

생〉에서 주인공 알렉산더는 유명한 연극 배우이자 비평가였던 인물이다. 영화의 초반부에 생일날 자신을 찾아온 친구에게 그가 성공적인 배우의 경력을 완전히 버리게 된 이유를 설명하는 장면이 나온다. 그는 어느 순간 무대에서 다른 인물을 흉내 내는 것이 견딜 수 없이 싫어졌다고 말한다. 자신이 아닌 다른 사람인 체하는 것, 자신의 감정과 전혀 다른 감정을 자기의 것인 양 흉내 내는 것, 그리고 이런 '거짓'을 얼마나 잘 수행하느냐에 따라 좋은 배우와 그렇지 않은 배우가 구별되는 상황이 어느 순간 그에게 견딜 수 없는 무게로 다가왔다는 것이다.

물론 브레송은 영화의 연기를 부정하지만, 연극의 연기까지 부정하는 것은 아니다. 그는 이렇게 쓴다. "참된 것과 거짓된 것을 뒤섞으면 거짓된 것(촬영한 연극이나 **시네마**)이 나온다. 거짓된 것이 고르게 퍼져 있을 때 참된 것(연극)이 나올 수도 있다."(58) 연극은 연기, 흉내 내기 등과 같이 '거짓된 것'으로 이루어져 있지만, 이것을 적절하게 조화시키면 '참된 것'을 만들어낼 수도 있다. 그러나 영화에서는 그렇지 않다. 여기에는 연극만이 누릴 수 있는 결정적인 것들이 빠져 있기 때문이다. 그것이 바로 "살아 있는 배우들의 물리적 현존"과 "배우들에 대한 관객의 직접적인 반응"(17)이다. 연극에서는 살아 있는 배우가 관객 앞에서 직접 움직이며 관객의 반응과 즉각적으로 상호작용할 수 있지만, 영화에서는 이것이 원천적으로 차단되어 있다. 브레송에 따르면, 연기는 연극적인 조건에서만 제대로 기능한다. "무대 위에서 연기는 [연극 배우의] 실제적 현존에 덧붙어 이를 강화시킨다. 영화에서 연기는 실제적 현존의 외양마저도 없애버리고, 사진으로 만든 환영도 죽여버린다."(92) 따라서 영화는 연극적인 것을 벗어나 전혀 다른 길로 가야 한다. 연극은 연극의 길, 영화는 영화의 길을 가야 하며, 이 둘의 결합은 불가능하다. 그는 다음의 결론을 내린다. "연극과 시네마토그라프가 서로를 절멸시켜버리지 않고서 결합되는 일은 없다."(24)

연기 없는 영화가 어떻게 가능하며 그것이 어떤 효과를 만들어내는지는 브레송의 영화들을 보면 가장 명확하게 알 수 있다. 일반적으로 브레송의 영화들에 나오는 인물들의 '연기'는 다른 영화들에 나오는 배우들의 연기와 근본적으로 다르다. 보통의 영화에서는 동작과 목소리와 표정에서 표현력이 강하고 격정에 찬 배우들, 한마디로 연기를 많이 하는 배우들이 나온다. 그러나 브레송은 이런 연기를 연극적인 연기라고 규정하고 자신의 영화에서 이를 전면적으로 배제하고자 한다. 브레송은 가장 영화적인 '연기'를 하는 인물을 모델이라고 부른다.* 실제로 배우를 모델로 바꾸면, 영화 제작에 대해 완전히 다른 구상을 끌어낼 수 있다.

브레송에게 모델이란 말의 일차적인 의미는, 영화에 출연한 적이 없으며 연기를 전혀 해보지 않은 사람을 뜻한다. 이런 점에서 모델은 전문 배우와 확고하게 구별된다. 전문 배우는 능숙하지만 자기만의 연기 양식이 있고 또 정형화된 것이 있어서, 감독이 뭔가 새로운 것을 끌어내기가 쉽지 않다. 스타라면 더 말할 것도 없다. 실제로 ‹불로뉴 숲속의 여인들›을 찍을 때, 브레송은 카리스마를 갖춘 연극 배우 출신의 스타 마리아 카사레스(엘렌 역)와 상당한 갈등을 겪었다고 알려져 있다.

앞서 지적한 대로 ‹어느 시골 사제의 일기›는 과도기적 영화로서 여기에는 전문 배우와 모델이 뒤섞여 나오는데, 역설적으로 이 영화의 몇몇 장면에서 모델과 배우의 차이를 분명히 느낄 수 있다. 이 영화에서 아마도 가장 극적인 장면은 백작 부인의 방에서 시골 사제가 백작 부인과 논쟁을 벌이는 장면이다. 여기서 그녀는 자신의 아들을 데려간 신에 대한 분노를 거침없이 드러내다가 젊은 사제의 진솔한

---

* 주지하다시피 모델은 회화—그리고 패션쇼—에서 사용되는 용어다. 화가는 모델 없이도 그림을 그릴 수 있지만, 실재에서 영감을 얻기 위해 모델을 앞에 두고 작업하는 화가들이 있으며, 브레송의 태도는 이런 화가들의 태도와 유사하다.

말에 감복되어 마침내 내면의 분노를 다스리기에 이른다. 이 장면이 진행되는 내내 젊은 사제는 눈에 띄는 표정이나 동작 없이 딱딱하고 무미건조하게 대사를 하는 반면, 백작 부인은 연극무대에서처럼 유려하게 대사를 말하고 동작과 표정에서 극적인 감정을 드러낸다. 이러한 차이는 무엇보다 클로드 레이뒤(주인공 사제 역)가 전형적인 모델임에 반해, 마리…모니크 아르켈(백작 부인 역)이 전문 배우라는 점에서 생겨난다. ‹어느 시골 사제의 일기› 이후 전문 배우는 브레송의 영화에서 완전히 사라진다. 브레송은 이렇게 말한다. "배우의 표현력이 증가할수록 감독인 나의 표현력은 줄어듭니다. 그런데 내게 중요한 것은 나를 표현하는 것이지 배우가 자신을 표현하는 것이 아닙니다."* 브레송의 영화는 배우의 영화가 아니라, 전형적인 감독의 영화, 작가(auteur)의 영화다.

모델은 연기가 본연의 직업이 아니라는 점에서 비전문 배우와 관련되지만, 이 둘이 그대로 등치되는 것은 아니다. 연기 경험이 없어서 연기의 관습에 물들지 않았다는 점에서는 둘 다 같은 상태에 있지만, 연기의 유무라는 점에서

---

* 로베르 브레송 인터뷰, 「미장센은 예술이 아니다」, 시네마테크 부산, 『로베르 브레송』, 동방문화, 2003, 253쪽.

는 분명히 구별되기 때문이다. 비전문 배우는 1920년대 에이젠슈테인의 영화들에 이미 등장했고, 1940년대 네오리얼리즘에서 전면적으로 등장한 배우의 범주다. 그런데 네오리얼리즘 영화에서 보는 것처럼 비전문 배우는 적극적으로 연기를 한다. 예컨대 비토리오 데시카의 ‹자전거 도둑›(1948)이나 ‹움베르토 D›(1952)와 같은 영화를 보면, 지금까지도 연기의 신선함에 놀라게 되는데, 비전문 배우가 전문 배우만큼이나, 심지어 전문 배우보다 연기를 더 잘한다는 생각이 자연스럽게 들게 된다.

반면에 모델은 연기 자체를 부정한다. 그렇다면 다큐멘터리가 아닌 극영화에서 어떻게 연기를 없앨 수 있는가? 자동성(automatisme)을 도입하면 된다. 브레송의 영화에서 모델의 동작이나 표정은 ‘이렇게 또는 저렇게 해야겠다’는 의식의 산물이 아니라 무의식에 가까운 자동성의 산물이다. 브레송은 이렇게 쓴다. "우리 움직임의 9/10는 습관과 자동성을 따른다. 움직임을 의지와 사유에 종속시키는 것은 자연을 거스르는 일이다."(69) 브레송은 바로 이 '자연'을 영화 스크린에 도입하고자 한다. 이를 위해서는 어떤 행동이나 동작을 하고자 하는 의도를 없애고, 의식하지 않은 채 이를 수행하는 자동성의 경지에 이르러야만 한다.* 따라서 브레송은 모델의 동작과 표정이 자동성에 이를 때까지 수없이 많은 리허설을 시키고, 촬영 과정에서도 모델이 자신의 모습(자연/본성) 그대로 스크린에 등장할 때까지 수없이 많은 테이크를 찍는다. 이것은 일차적으로는 비워내는 과정이다. 모델의 생각과 지성, 연기하고자 하는 의도나 의지, 생각하고 나서 이를 표현하려는 태도 등이 모두 다 비움의 대상이 된다. 이 과정이 영화에서 철저하게 수행되어야 하는 이유는, 카메라가 사소한 오류라도 정확하게 포착해서 스크린에 제시하는 탁월한 능력을 지니고 있기 때문이다.

어쨌거나 이런 방법을 택하면, 일반적인 영화의 효과들, 즉 관객이 표현력 풍부한 배우에게 감정이입 하면서 생겨나는 효과들은 영화에서 완전히 사라지게 된다. 따라서 영화에서 감상적인 것(le sentimental)의 자리가 아예 없어지고, 불필요한 동작 표현이나 표정 연기 또한 배제되게 된다. 실제로 브레송 영화에 나오는 모델, 예컨대 ‹소매치기›에서 마르탱 라 살(주인공 미셸 역)이나 마리카 그린(잔 역) 같은 인물은 얼굴 표정만 보면 정확히 무슨 생각을 하고 있는지 짐작하기 힘들다. 브레송은 이렇게 말한다. "내게 있어서 이상

---

* 질 들뢰즈는 브레송의 모델을 자동인형(automate)과 등치시키고, 이렇게 쓴다. "이 자동인형은 순수하며, 이념뿐만 아니라 감정에서도 벗어나 있다. 그것은 분절화된 일상적 동작들의 자동성으로 축소되어 있지만, 자율성을 갖추고 있다." Gilles Deleuze, *Cinéma II: L'Image-Temps*, Minuit, 1985, p. 233.

적인 배우는 아무것도 표현하지 않는 사람입니다. 인물의 삶에서 우리가 드러내야 하는 것은 얼굴이나 금발 같은 것이 아니라 정신적인 모습입니다."[†] 연기의 표현성을 제거함으로써 궁극적으로 정신적이고 초월적인 세계를 표현하고, 관객에게 더 깊은 정서를 끌어내고자 하는 것이 브레송의 방법론이다.

브레송의 두번째 문제의식은, 가장 영화적인 표현이 어떻게 가능할까에 대한 것이다. 영화가 단순 복제나 재현에서 벗어나려면 어떻게 해야 할까? 이를 위해 카메라와 녹음기를 어떤 방식으로 사용해야 할까? 모델에 대한 논의가 영화의 질료에 대한 것이라면, 이 두번째 문제의식은 그 질료를 구성하는 방법에 대한 것이다. 흔히들 지적하듯이 브레송의 영화에는 할리우드식 설정숏(establishing shot)이 없다. 할리우드 영화에는 일반적으로 장면이나 시퀀스가 시작할 때, 사건이 전개되는 장소를 전체적으로 보여주는 영상이 나오고 이를 설정숏이라고 부른다. 브레송은 이런 영상 없이 클로즈업이나 미디엄숏으로 바로 시작한다. 화면을 전체적으로 보여주는 롱숏이나 풀숏도 많지 않다. 예컨대, 〈소매치기〉의 시작 부분에서 주인공이 처음으로 소매치기를

† 로베르 브레송 인터뷰, 같은 글, 253쪽.

시도하는 장소는 파리 인근의 롱샹 경마장이다.‡ 브레송은 이 장면을 실제로 롱샹 경마장에서 찍었지만, 이곳이 롱샹 경마장이라는 것을 보여주는 전체적인 영상은 이 장면에 없다. 경마가 지금 진행 중이지만, 트랙이나 말을 보여주는 단 하나의 숏도 없다. 그 이유는 다음의 문장에서 추론할 수 있다. "모든 것을 다 보여주게 되면 시네마는 클리셰가 되고, 모든 사람이 사물들을 보는 [똑같은] 습관을 가진 것처럼 이들을 제시하지 않을 수 없게 된다. 이렇게 되면, 사물들은 거짓이나 겉치레처럼 보이게 될 것이다."(298)

브레송은 카메라를 단순한 복제 기계로 사용하는 것을 거부하고 이를 창의적으로 사용하고자 한다. 여기서 핵심이 되는 방법론은 파편화(fragmentation)다. 그는 다음과 같이 쓴다. "우리가 **재현**에 빠지고 싶지 않다면, 파편화는 불가피하다. 존재와 사물 들을 분리시킬 수 있는 부분들로 볼 것. 이 부분들을 고립시킬 것. 이들에게 새로운 의존성을 부여하기 위해서 부분들을 독립적으로 만들 것."(297) 브레송에 따르면, 감독의 일은 배우에게 연기를 시키고 카메라로 이를 복제하는 것, 다시 말해서 재현(représentation)이 아니

‡ ‹소매치기›의 표현 양식과 그것이 디지털 시대의 영화에 대해 갖는 의미에 대해서는 필자의 다음 논문을 참조할 것. 이윤영, 「로베르 브레송의 <소매치기>와 비움의 시학」, 『프랑스문화예술연구』 제69집, 2019.

다. 이것은 전혀 창의적인 작업이 아니기 때문이다. 반면에, 그가 생각하는 감독의 일은 실재를 "분리시킬 수 있는 부분들"로 나누고, 다시 말해서 파편화시키고, 이후 몽타주를 통해 파편화된 영상들을 완전히 새로운 방식으로 결합해서 새로운 세계를 만들어내는 일이다. 이때 하나의 영상은, 의도적인 생략이나 결과와 원인의 전도(顚倒) 등과 같이, 관객에게 충격을 주는 방식으로 다른 영상과 결합한다.

여기서 중요한 이념은 영상(숏) 하나하나가 자립적이지 않다는 것이다. 이 책에서 '관계'—영상과 영상의 관계, 영상과 소리의 관계, 소리와 소리의 관계—에 대한 논의가 그렇게 많이 강조되는 것은 이 때문이다. 그는 스스로 자립적인 영상(숏), 아름다운 영상, 인상적인 영상을 거부한다. 이런 영상들(숏)은 최종적인 것이라서 다른 영상들을 필요로 하지 않기 때문이고, 따라서 다른 영상들과 결합되지 않기 때문이다. 그는 영상을 "(다리미로 다린 것처럼) 평평하게 만들라"(31)고 강조하는데, 이것은 하나의 영상이 다른 영상을 만나서 완전히 다른 것으로 변형될 수 있게 하기 위한 것이다. 그는 이렇게 쓴다. "(평평해진) 네 영상들이 지금의 모습과 전혀 다른 것이 될 수 있는 힘. 똑같은 영상이 열 가지 다른 길에 들어서면 열 번이고 다른 영상이 될 것이다."(108) 이렇게 모든 영상은 다른 영상에 대한 '의존성'을 갖는다. 제시하고자 하는 세계를 파편화시키고 "부분들을 독립적으로 만드는" 이유는, 여기에 "새로운 의존성을 부여하기 위해서"(297)다. 그는 "변형 없는 예술은 없다"(26)고 지적하고, 몽타주를 통해 하나의 영상, 하나의 소리가 다른 영상, 다른 소리와 만나 스스로 변형되면서 새로운 세계를 만들어내는 기적을 보여주고자 한다.

브레송의 영화에서는 소리 역시 단순한 복제 대상이 아니다. 대사를 명료하게 포착하거나 촬영 현장의 소리를 정확하게 녹음하는 데 그치는 일은 소리를 단지 복제 대상으로만 바라보는 태도다. 브레송의 영화에서 소리는 영상과 다른 역할을 떠맡고, 전례 없는 방식으로 영상과 결합하여 새로운 전체를 만들어낸다. 예컨대, 앞서 언급한 ‹소매치기› 시작 부분에서 사건이 벌어지는 장소(롱샹 경마장)를 알려주는 기능은 설정숏과 같은 영상이 아니라 소리가 떠맡는다. 주인공의 보이스오버 내레이션을 제외하면, 이 장면에서 들리는 소리는 경마표를 계속 찍는 귀에 거슬리는 소리, 경마의 진행 상황을 알려주는 방송 소리, 군중들이 웅성거리는 소리, 경주마들이 주인공 근처의 트랙을 지나갈 때 들리는 말발굽 소리 등이다. 이 소리들 각각이 소매치기를 처음 시도하는 미셸의 파편화된 영상들과 정확하게 결합한다. 예컨대, 미셸이 첫 소매치기에 성공하는 순간의 영상은 경주마들이 결승선을 통과하는 순간의 소리들 및 군중의 환호 소리와 결부된다. 브레송은 소리와 영상이 동시에 같은 것을 제시해서는 안 된다는 중복 금지의 원칙을 세우고 이렇게 쓴다. "눈을 위해 있는 것은, 귀를 위해 있는 것과 중복해서 사용해서는 안 된다."(181)

소리와 관련하여 브레송 특유의 발성법에 대해 잠시 언급해보기로 하자. 브레송은 한 사람의 목소리와 얼굴이 분리될 수 없다(216)고 생각하는데, 이는 사실상 모리스 메를로...퐁티와 같은 현상학자들의 지적과 일치한다. 나아가 그는 목소리가 심지어 얼굴보다 그 사람에 대해 더 많은 것을 알려준다고 생각하고(32, 389), 캐스팅할 때 지원자들을 직접 만나는 것보다 전화 통화를 선호하기도 했다. 그리고 출연자들은 영화에 나오기 전에 오랜 시간에 걸쳐 대사 연습을 한다. 이 훈련은 입을 크게 벌리지 않고 모든 의도나 표현적 효과를 제거한 채 문장을 정확하게 발음하기 위한 것이다. 그 결과 모델은 일상적인 대화나 낭독의 어조라기보다는, 독백에 가까운 어조를 갖게 된다. "네 모델에게 하는 말: '마치 당신 자신에게 말하는 것처럼 말하시오.' **대화가 아니라 독백.**"(259) 브레송 영화의 발성은 독백에 가까운 밋밋하고 무미건조한 발성이다. 감정이 잔뜩 들어간 인위적인 발성, 의도적으로 우스꽝스럽거나 슬프거나 유쾌한 효

과를 내고자 하는 발성 등은 브레송 영화에 없다. 우리의 일
상생활에서도, 고함을 치고 언성을 높이고 큰 소리로 감정
을 드러내는 발성보다, 때로는 무미건조한 발성이 청자에
게 훨씬 더 큰 감정을 불러일으킨다는 점을 우리는 경험적
으로 알고 있다.

4. 맺으며

브레송이 남긴 자취에는 영화를 자립적인 예술로 끌어올리
고 더 강력한 표현 수단으로 만들 수 있는 길에 대한 풍부한
고민이 담겨 있다. 그에게는 영화가 자기만의 표현 수단을
발견하고 이를 집요하게 개척함으로써 더 높은 경지에 이
를 수 있다는 신념이 있었다. "저는 정말로 우리가 영화를
통해서 표현할 수 있다고 생각합니다. 소설도 아니고, 그림
이나 조각은 더더욱 아닌 완전히 새로운 방법을 통해서 말
입니다."* 그는 순수한 영화적 표현이 가능하다고 믿었고,
이를 위해서는 기존의 영화가 썼던 방법이 아닌 새로운 방법
이 필요하다고 생각했다. 이를 위해서 그는 영상과 소리 모
두에서 중립적인 이미지를 개척한다. "표현이 연극적인 순

---

* 로베르 브레송 인터뷰, 같은 글, 256쪽.

간부터 영화적 표현은 존재하지 않습니다. 이미지들이 가져야 할 자질이 있는데, 그것은 중립성, […] 무표현성입니다."[†]

어쨌거나 로베르 브레송이 남긴 자취를 우리가 다시 돌아보는 이유, 그가 찍은 것을 다시 찾아보고 그가 쓴 것을 다시금 반추하면서 읽는 이유는, 한편으로는 그에 대한 무지와 무관심과 불감증에, 다른 한편으로는 그를 향한 맹목에 가까운 숭배에 모두 맞서기 위해서다. 이 두 진영 모두 객관적인 인식에 기반을 두고 있지 않기 때문이다. 나는 그가 열어놓은 길을 세심하게 검토함으로써 많은 사람이 자신만의 길을 찾을 수 있으리라고 믿는다. 이 글의 앞부분에서 브레송을 최고의 감독으로 꼽는 감독들의 목록을 제시하면서 했던 지적을 여기서 다시 한 번 강조하면, 이들의 영화적 개성은 현저하게 다르다. 그들은 브레송이 낸 길을 참조하면서 자신만의 영화적 개성을 획득하고 자신의 영화를 찍을 수 있었다.

나는 앞서 세르주 다네를 따라 로베르 브레송이 모든 감독에게 영향을 미치는 감독 중 한 명이라고 썼다. 이 말은 물론 브레송과 동시대 감독들이나 브레송 이후의 감독들이

[†] 같은 글, 249쪽.

그의 방법을 모방하는 아류가 된다는 뜻이 아니다. 브레송의 영화는 쉽게 모방할 수 없다. 또한 브레송 자신이 어떤 사조나 유파를 만들거나 에피고넨을 바라는 것도 아니다. 여기서 '영향을 미친다'는 말의 함의를 다시 따져볼 필요가 있다. 그가 모든 감독에게 영향을 미친다는 말은, 브레송이라는 인물 자체, 그가 만든 영화들, 그가 쓴 것, 영화 제작에 임하는 방식과 태도 등 그가 걸어간 모든 길이 지리적인, 시간적인 경계를 넘어 이후의 감독들에게 새로운 창조를 추동하는 지속적인 참조의 대상으로 기능한다는 뜻이다. 즉, 그것은 새로운 창조에 영감을 주고, 젊은 감독들이 자신의 길을 꿋꿋하게 걸을 수 있도록 자극을 주며, 이들이 누구보다 자기 자신이 되도록 추동한다.

언젠가 미셸 푸코는 자신의 책들이 사유의 연장통 같은 것이 되었으면 좋겠다고 말한 적이 있다. "나의 모든 책은 자그마한 연장통이다. […] 사람들이 이 연장통의 뚜껑을 열고 마치 드라이버나 펜치를 찾듯이 거기서 어떤 문구, 어떤 관념, 어떤 분석을 찾아볼 수 있을 것이다. […] 나에게는 그보다 더 좋은 일이 없겠다."* 그러나 브레송에게 자신의 책은

---

* Michel Foucault, 'Des supplices aux cellules', *Le Monde*, 21 février, 1975; 디디에 에리봉, 『미셸 푸코, 1926-1984』, 박정자 옮김, 그린비, 2012, 391~392쪽에서 재인용.

이보다 더 절박한 고민의 산물이다. 나는 『시네마토그라프에 대한 노트』가 브레송 자신에게 일종의 전쟁 교본이나 전투의 매뉴얼 같은 것이었을 거라고 생각한다. 그는 이렇게 썼다. "전쟁의 예술, 시네마토그라프. 전투를 준비하는 것처럼 영화를 준비할 것."(56) 그의 전투는 일단 외부를 향한다. 이윤 창출을 위해 얄팍하고 자극적이며 달짝지근한 이미지들을 끊임없이 만들어내는 쇼비즈니스 산업과, 패스트푸드나 일회용품을 쓰고 버리듯 이미지를 소비하며 마치 시청각적 '부주의(不注意)'를 내재화한 듯한 어떤 대중들과, 결과적으로 이런 대중들의 반응을 추종하는 언론이나 비평계 등이 힘겨운 전투의 대상에 놓인다. 여기서 그의 글은 전투의 매뉴얼로 쓰인다.

그러나 전투의 대상은 브레송 안에도 있다. 예컨대 몰이해와 비난 때문에 스스로 좌절하거나 자그마한 칭찬에 자기도 모르게 들뜰 때 그는 자신에게 이렇게 말한다. "나쁜 평판에 아랑곳하지 마라. 네가 감당할 수 없는 지나치게 좋은 평판을 두려워하라."(393) 그리고 영화 제작이 온갖 난관에 부딪쳐 힘이 빠질 때, 그는 이렇게 자기 자신을 다독인다. "촬영이 혐오스럽게 느껴지고, 수많은 장애물 앞에서 지치고 무기력해진 최근의 끔찍한 나날들도, 내 작업 방식의 일부를 이룬다."(411) 그의 글은 안팎의 전투에 임하는 교본이다. 젊은 감독들이 그 안에서 자신만의 무기를 찾아도 좋을 것이다.

이윤영(옮긴이, 영화학자)

주제별 분류 목록

감정

예술에서 ～의 생산: 405, 406, 407

고유성

예술 장르의 ～: 122, 123, 197

관객

영화의 ～: 110, 294, 329, 351, 372, 384, 397

극예술

반(反)～: 19, 190, 223, 286, 301

눈

화가의 ～: 423, 424

단순성

예술의 ～: 229, 230, 320, 381

모델

～과 감독의 상호작용: 9, 46, 99, 134, 195, 263, 277, 314, 358

～의 고유성: 88, 154, 168, 175, 267, 271, 274, 344

～의 반(反)의도성: 43, 44, 163, 172, 257, 352

～의 발성법: 100, 138, 257, 259, 352

～의 선택: 32, 266

～의 신비: 40, 65, 167, 235, 346, 367, 370, 374, 420

～의 자동성: 69, 70, 71, 100, 211, 242, 333, 360, 425, 426

모델 vs. 배우: 6, 7, 129, 149, 234, 248, 311

목소리

～와 얼굴: 216, 389

～의 능력: 32, 232, 389

시네마에서의 ～: 81, 121, 165, 199, 299, 417

몽타주

～의 목표: 77, 158, 432

～의 방법: 35, 89, 140, 173, 330

340, 432
~의 효과: 37, 228, 282, 290, 368,

배우
스타로서의 ~: 127, 189, 261, 305,
349
~의 연기: 38, 52, 81, 92, 151, 192,
196, 207, 222, 273, 278, 290,
295, 299, 306, 355, 417
연극무대 출신의 ~: 160

변형
예술에서의 ~: 26, 29, 218, 256

불가분성
영상과 소리의 ~: 125, 255, 350

사진 vs. 영화: 214, 366, 379

소음
~의 영화적 기능: 146, 249, 264,
316
~의 음악적 가치: 61

수단
~의 경제성: 2, 48, 106, 320, 390,
402

시네마
~가 처한 상황: 14, 15, 17, 121, 220,
428, 430
~의 연극성: 10, 39, 75, 81, 133,
198, 208

시네마 vs. 시네마토그라프; 11, 53,
73, 129, 201

시네마토그라프
~에서 관계의 중요성: 25, 28, 29,
42, 67, 70, 77, 86, 108, 226, 243,
247, 255, 270, 280
~에서 동작과 대사: 21, 68, 99,
100, 112, 192, 203, 210, 211, 327,
358
~의 고유성: 27, 122, 157, 329
~의 독창성: 205, 288, 382
~의 성격: 13, 25, 56, 73, 96, 194,
322, 373

시선
~의 힘: 33, 34, 36, 377, 378
~의 기능: 35, 156, 217, 404

연기
반(反)~: 6, 92, 151, 156, 204, 234,

321, 355

연출
반(反) ~ : 5, 6, 11, 17, 109, 306

영화음악
~의 파괴성: 60, 130, 137, 268,
446, 447

이차원성
영화 매체의 ~ : 79, 375

자리
적절한 ~ : 28, 70, 86, 147, 171, 368,
450

자연(본성)
~의 재현 불가능성: 80
~의 존중: 23, 100, 211, 223

자연 vs. 자연스러움: 18, 19

자연스러움: 20, 21

주의 vs. 부주의: 287, 326, 357

중복 금지 원칙
영상과 소리의 ~ : 181, 182, 183,
184, 185, 186

지성
반(反) ~ : 44, 107, 111, 152, 335,
360, 421, 456

직관(느낌, 인상)
감독의 ~ : 107, 178, 272, 294, 341,
386, 421

창조
예술에서의 ~ : 42, 140, 169, 270

촬영
즉흥적인 ~ : 76, 120
~할 때 감독의 태도: 4, 49, 62, 63,
64, 76, 78, 107, 118, 124, 179,
296, 323, 339, 342, 346, 362,
371

침묵
~의 표현성: 131, 171, 188, 316,
445, 447
두 종류의 ~ : 132

카메라

~의 능력: 68, 84, 210, 240, 348,
    369, 396, 456

파편화

~의 불가피성: 297, 298
~의 효과: 74, 351

피토레스크: 250, 308

형식

~의 중요성: 102, 209, 276, 419